コーヒーで料理を作る

トッピングに、ソースに！　エスプレッソは万能食材

Barista 横山千尋

コーヒーで料理を作る　目次

本書をお読みになる前に

- エスプレッソ（液体）は、基本的に抽出したてのものを使います。冷まして使う場合は、作り方の中でその旨を記載しています。
- 「EXV. オリーブオイル」は、「エキストラ・バージン・オリーブオイル」のことです。
- 作り方に記載している分量、加熱時間、加熱温度は目安です。様子をみながら好みの加減に調節してください。
- 作り方の説明では、肉や魚、野菜などの下処理（洗う、掃除をする、皮をむくなど）を原則として省いています。

Capitolo 1°

料理の「素材」としてのエスプレッソ

イタリアでコーヒーといえば「エスプレッソ」を指す。
料理の素材としてなぜエスプレッソを活用しようと考えたか。
そして、料理にどのような効果をもたらしてくれるのか。
それらを知ることで、コーヒーの可能性はさらに広がっていく。

エスプレッソとは

>>>Cos'è il caffè espresso?

エスプレッソの定義

　本書で紹介するメニューは、すべて「エスプレッソイタリアーノ」（イタリアで焙煎されたコーヒー豆）を使っています。エスプレッソとは、専用のマシンを使ってコーヒー豆を短時間で高圧抽出したもの。豆の持つ香りや味わいが凝縮したエッセンスであり、フィルターでじっくりと抽出するドリップコーヒーとはまったくの別物といえます。

　一口にエスプレッソといっても、地域によって作られる味わいは微妙に異なります。エスプレッソ発祥の地であるイタリアでも、北と南では好まれる味が違います。ミラノやフィレンツェなど北部や中部はバールの利用者にビジネスマンが多く、仕事の合間にさっと飲み干して帰るため、エスプレッソの味はミディアムローストのエスプレッソが好まれます。一方、ナポリなど南部のバールは肉体労働者が多く、苦味とアロマが強いパンチの効いた味が好まれます。このように、エスプレッソも地域の人たちの嗜好に合わせた味づくりが行われ、世界共通の味などないのです。

　そうした中でエスプレッソの一定基準を設けようと、イタリアエスプレッソ協会（ＩＮＥＩ）がＩＳＯ４５０１１（農作物加工品質認証Ｎ２１４）のもと、左ページの表のように定義づけを行っています。これらの基準をすべて満たしたものは、世界42ヵ国に支部を置く国際カフェテイスティング協会（ＩＩＡＣ）によって、エスプレッソイタリアーノに認定されます。プロのカフェ・テイスターの育成や、ＩＩＡＣが主催する競技会（エスプレッソ・イタリアーノ・チャンピオンシップ）でも、この定義に則ったエスプレッソの抽出を基本にしており、本

ヘーゼルナッツ色をしたクレマ、豊かな香り（花、果物、チョコレート、キャラメルなど）、口当たり（なめらかな丸み、やわらかさ、とろみ）が、理想的なエスプレッソの特徴。

INEIによるエスプレッソの定義（一部抜粋）	
粉の量	7g±0.5g
温度	67℃±3℃
圧力	9bar±1
抽出時間	25秒±5秒
抽出量	25ml±2.5ml
豆	5種類以上のブレンド

書で使用するエスプレッソもＩＮＥＩの定義を基準にしています。

エスプレッソの魅力

　イタリアではエスプレッソを「カフェ」と呼び、コーヒーといえばエスプレッソを指します。イタリアの人はカフェを飲みに一日に何度もバールへ足を運び、エスプレッソは人々の生活に溶け込んだ存在となっています。しかし、日本ではエスプレッソに対してネガティブなイメージを持つ人がまだ多いようです。

　エスプレッソが「苦い」「濃い」と思われるのは、日本人の飲み方が間違っているからです。イタリアではみな、砂糖を入れてよくかき混ぜる。それにより、甘味、苦味、酸味のバランスがとれます。１口目に苦味・２口目に鼻から抜ける香り・３口目に甘さを感じるのが、本来のエスプレッソの飲み方です。

　日本では３種類ぐらいの豆をブレンドすることが多いようですが、イタリアでは５種類以上のブレンドを使うのが原則。エスプレッソの魅力である複雑な味わいやコク、豊かな香りは、ブレンド豆の形成によって作られ、独特のパンチのある味わいを出すためには５種類以上の豆をブレンドする必要があるからです。

　私が考えるおいしいエスプレッソは、苦味のあるボディに適度な酸味もあり、さらに鼻の奥から抜けるようなアロマ、キャラメルやビターチョコレートに似た後味のあるものです。こうしたおいしさを知れば、日本人にも日常的に楽しんでもらえると思っています。

　また、味が濃厚なことから「カフェインが多い」と思われがちですが、コーヒー豆を深く焙煎する段階でカフェインはかなり揮発されます。さらに、圧力をかけて急速に抽出するため、カフェインが液体に溶け出す量はドリップコーヒーよりも少なくなります。そもそも、カフェインには疲労回復や脳の活性化など、プラスに働く作用もあるといわれています。適度なカフェインで身体によい効果をもたらしてくれるのも、エスプレッソならではの魅力といえるでしょう。

イタリアのエスプレッソは、パンチのある味わいを出すため、５種類以上の豆がブレンドされている。

エスプレッソを「素材」として料理に活用する

>>>Utilizzo del caffè nella cucina come ingrediente

なぜエスプレッソを料理に使おうと考えたか

最初に〝エスプレッソ料理〟と聞いた時、どのようなイメージを持ったでしょうか。

「苦そう」

「コーヒー味の料理？」

「カフェインたっぷり」

おそらく、こうしたイメージを抱いた人が多いのではないかと思います。そんな中で一番多いのが「想像できない！」でしょうか？

私が考案したエスプレッソ料理は、エスプレッソを様々な形で使います。おそらく、多くの人が持つこうしたイメージを覆す料理ばかりだと思います。

イタリアにはエスプレッソを使う料理はまず見かけません。本書にあるレシピは私のオリジナルです。では、なぜ私がエスプレッソを料理に使おうと考えたのか。最初のきっかけは、日本のイタリアンレストランでエスプレッソを用意していない、または用意していてもおいしさを追求していないと感じることが多かったことでした。

仕事柄、イタリアンレストランのシェフと話す機会が数多くあります。そんな時、店で提供しているエスプレッソについて聞くと、「コーヒーのことはよくわからないから…」と、あまり力を注いでいないという返事がほとんどで、がっかりします。

食事の締めくくりとなるコーヒーは、その店の食事を印象づける大切な存在のはずです。どれほどこだわった素材を使っておいしい料理を提供していても、締めのコーヒーがおいしくなければ、作り手の努力は無駄になってしまいます。みんな料理に使う素材は一生懸命に探し回るのに、なぜ、それほど大切なコーヒーにはこだわらないのでしょう。私は、多くの店にもっと素材としてのコーヒーに注目してほしいと思いました。

イタリアンレストランなら、せめてイタリアで焙煎した豆を使ってほしい。ただ、エスプレッソの注文が少なければ、豆はどんどん劣化してしまいます。

それなら、エスプレッソをドリンク以外にも活用すれば使用量が増え、常に新鮮な豆を使うことができる。そうした発想で、エスプレッソを料理にも活用しようと考えました。

イタリアンレストランなら、素材としてのエスプレッソにもっと注目してほしい。そういう思いで、エスプレッソを活用した様々な料理を開発した。

エスプレッソを「素材」として捉える

エスプレッソ料理を開発した理由はもう一つあります。

コーヒー豆はそもそも農産物です。長い歴史の中で、初めからコーヒーチェリー（果肉の種子）を焙煎して飲んでいたわけではなく、様々な段階を経てコーヒーという飲み物になった。そうした進化を考えた時、そろそろコーヒーという素材も使い方を変化させる時期にきているのではないかと思いました。それは、まさにコーヒーを「素材」として料理に活用していくということです。

その考えの根底にあるのは、日本でもエスプレッソを身近な存在にしていきたいという、バールマンとしての私の思いです。イタリアではすでにエスプレッソ文化が根づいているので、こうした発想があるはずもなく、それゆえエスプレッソを使った料理はおそらく存在しないでしょう。伝統を重んじるイタリアの人たちから見れば、「エスプレッソの料理なんて邪道だ」と思われるかもしれません。本書でご紹介したレシピの数々は、日本人にエスプレッソの魅力を知ってもらうため、イタリア料理を通して私なりに表現したものと解釈していただければと思います。

料理に活用することで生まれる効果

では、エスプレッソを料理に活用することで、どのような効果が生まれるでしょうか。

エスプレッソそのものには苦味の中に酸味も含まれるなど、複雑な味わいがあります。そうしたエスプレッソを加えることで、アクセントになったり素材を引き立てたりして、奥深い味わいに仕上げることができます。また、コーヒー特有の香りが料理の印象を高めたり、合わせる素材のクセをやわらげたりする効果もあります。素材としての可能性がどんどん広がる、これほど魅力ある素材を飲み物だけでしか楽しまないなんてもったいないです。

また、エスプレッソは健康や美容によい効果が期待されています。適度に含まれるカフェインは肉体疲労を回復させるほか、脳の活動を活性化させて頭の回転を速めたり集中力を高めたり。また、新陳代謝を促して老廃物を排出し、美肌効果を発揮したり。ほかにもリラクゼーション効果や消化を助ける働きもあるといわれています。私自身、エスプレッソ料理を食べた翌朝は胃がすっきりして、その効果を実感します。近年は「コーヒーががんを予防する」という研究機関の発表も注目を集めており、様々な効能を秘めた素材なのです。

カフェラテからもわかるように、エスプレッソとミルク（＝乳製品）は相性抜群。メニュー開発は、ドリンクから展開して考案することが多い。

エスプレッソ料理をどのように売るか

私が考案したエスプレッソ料理は、山口・宇部にあるイタリアンレストラン『アンコーラ』でイベント時に提供しています。『アンコーラ』は、あるイタリア食材のイベントで知り合った大久保憲司シェフの店。私自身が長きに渡り交流を持たせてもらっているシェフの一人です。

今から8年ほど前、大久保シェフから「一緒にイベントをやらないか?」というお誘いがありました。大久保シェフとしては、ドルチェ（デザート）とカフェのイベントのイメージが強かったと思います。その時、4月16日の『イタリアエスプレッソデー』（国際カフェテイスティング協会イタリア本部が制定した、エスプレッソの記念日）に日が近かったこともあり、エスプレッソを知ってもらうよい機会だと思い、大久保シェフに「エスプレッソ料理のコースをやりたい！」と提案をしました。以前から考えていた、「エスプレッソを料理・デザート・ジェラート・カフェなどいろいろな品に使うことができないか?」という構想を、イベントを盛り上げる起爆剤としてやらせていただくために考えた、いわばチャレンジでした。

正直にいえば、自分の店では大きなリスクがありますが、人の店では…です。おまけに大久保シェフもチャレンジャーですし、新しい取り組みに乗ってくれました。

当初、お客様は一様に「えー?」「普通のコースはないの?」という感じで、反応は今ひとつでした。エスプレッソを使った料理など誰も食べたことがないのですから、無理もありません。味のイメージが湧かなかったと思います。しかし、実際に食べたお客様からの反応は非常によく、「来年はどんなエスプレッソ料理を出してくれるの?」という声が続々と聞かれ、イベントは大変盛り上がりました。以降、同店で毎年開くこのイベントの定番コースとなり、年々バージョンアップさせながらレパートリーを増やしていきました。このイベントは1店舗のイベントというより地域の大きなイベントとして、皆さんに楽しんでいただけるものになっています。

エスプレッソ料理は食べる前はイメージしにくいけれど、実際に食べてもらえばおいしさがわかってもらえます。初めからコースで提供するのはハードルが高いと思うので、まずは単品で提供するのがおすすめです。前菜盛り合わせの一品に加える、またはコースに組み込んで構成にメリハリをつける。定番メニューではなく「シェフのおすすめ」や「本日のスペシャリテ」とし

毎年７月に『アンコーラ』で開催される恒例イベント「イタリア祭り」のひとコマ。横山バリスタをはじめ、有名店のイタリアンシェフやパティシエなどを招き、料理教室やデザインカプチーノ体験などを行う。エスプレッソを使った料理も提供され、参加者に喜ばれた。

て用意してもいいでしょう。まずはお客様に食べてもらいおいしさを知ってもらえれば、徐々にエスプレッソ料理は浸透していくと思います。

　エスプレッソ料理はイタリアンレストランに限らず、カフェやバールなどにも向きます。オープンキッチンの店なら、マシンで抽出したエスプレッソを加える調理工程を見せて、ライブ感を演出する。バリスタとシェフの連携を見せるパフォーマンスも効果的です。カルボナーラやラザニアなどのパスタ料理、エスプレッソを練り込んだパン、ティラミスをはじめとするドルチェなどはカフェのようなカジュアルな業態にもマッチし、「エスプレッソがおいしい店」という専門性を高めることもできます。また、先にもお話しした健康への効果もアピールポイントになることでしょう。

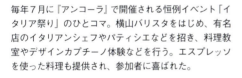

エスプレッソの活用方法

>>>Come utilizzare il caffè

エスプレッソを5つの方法で用いる

本書で紹介するメニューは、エスプレッソを5つの方法で使っています。一つ目は「豆」をそのまま用いる方法。二つ目は手回しミルで挽いた「挽き豆」を用いる方法。三つ目はエスプレッソミルで細かく挽いた「粉」を用いる方法。四つ目は抽出した「液体」を用いる方法。そして、五つ目は抽出後の「出し殻」を用いる方法です。

私が考えたレシピは、料理によって、苦味を加える、香りを引き立てる、豆の食感を加える、見た目にアクセントをつけるなど、エスプレッソを使う目的がそれぞれ異なります。個々の目的に合わせ、液体に豆を漬け込んだり、粉を仕上げにパラッとふったり、素材に液体を混ぜ込んだり。エスプレッソをどのような形で加えれば効果的か、試行錯誤を重ねた結果、こうした5つの使い方にたどりつきました。抽出後の「出し殻」まで使うのは意外に思われるかもしれませんが、少しの下処理を行うだけで立派な素材になります。素材を捨てることなく丸ごと使うのが私の考え方です。

5つの方法に共通しているのは、イタリアで認証を受けた新鮮な豆を使うことです。素材ありきで、やはり豆がよくなければ料理をおいしく仕上げることはできません。

どの使い方も最大のポイントは、挽きたて・抽出したてのエスプレッソを用いることです。挽いてから時間がたった粉は香りがとび、抽出して時間をおいた液体は煮詰めた時に苦味が強まり、せっかくのエスプレッソの長所が活かせなくなってしまいます。

では、次ページから具体的な5つの方法について説明します。

「豆」を使う

素材に香りを移す

イタリアでは5種類以上の豆のブレンドを使うのが原則です。私はロンバルディア州にあるミラーニ社の『グランバール』という豆を使っています。INEI（イタリアエスプレッソ協会）認定のコーヒーで、7種類の豆がブレンドされています。苦味と酸味のバランスがよく、砂糖を入れると香り高いチョコレートのような味わいになります。料理に用いる際も、INEI認定の豆を推奨します。

他の素材と同じく、コーヒー豆も鮮度が重要です。開封後は1週間から10日前後で使い切り、保管する場合はなるべく空気に触れないよう容器へ入れて、冷蔵保存（長期の場合は冷凍）しましょう。

料理への使い方ですが、生クリームに1日漬け込む、または燻製チップとともにスモークするなど、香りを素材に移す使い方をします。また、粗めに砕いてサラダに混ぜる手法もあり、この場合は豆の食感と苦味を付けるのが目的です。

豆はイタリアで焙煎された「エスプレッソイタリアーノ」を薦める。横山バリスタが長年使っているのは、INEI（イタリアエスプレッソ協会）認定のミラーニ社『グランバール』。

「挽き豆」を使う

仕上げにふってほのかな香りを

包丁で砕いた豆では粗すぎるし、エスプレッソミルで挽いた粉では細かすぎる。そんな時は、手挽きミルで挽いた「挽き豆」を使います。ちょうどドリップコーヒーを淹れる時の挽き加減です。「挽き豆」は料理を盛り付けた後の仕上げによく使います。カルボナーラやリゾットなどにふると黒胡椒のように見せながら、ほのかなコーヒーの香りを漂わせることができます。胡椒ミルで挽くと見映えはよいのですが、挽くのに時間がかかり、少しスパイシーになりすぎます。やはり、ここはコーヒー専用のミルに任せるのがベストです。

ほかに、挽いた豆を粒マスタードに混ぜる手法もあります。エスプレッソ風味のマスタード。想像しにくいでしょうが、なかなか味わい深い仕上がりです。

豆を挽く際に愛用している、HARIOの手挽きミル。ほどよい細かさに挽け、コンパクトなので直接、料理に挽きかけることもできる。

「粉」を使う

隠し味として苦味を付ける

エスプレッソを抽出する際に使う「粉」を、料理に用います。エスプレッソミルで挽いた粉は「挽き豆」よりも粒子が細かく、主に隠し味として苦味を付けたい場合に用います。たとえば、塩と合わせてエスプレッソ塩を作り、「アンジェロッティ」という揚げ物にふる。香り塩のようで、隠れた苦味も添えることができます。サラッとしているので食感の邪魔もしません。

エスプレッソミルは、適切なメッシュの合わせ方が必要です。豆の焙煎具合や形を見て、どのくらいのメッシュにしたらよいか見当をつけます。深煎りは水分が抜けて重量が軽くやわらかいので、メッシュは細かめに。煎りが浅い豆は重く硬いので、メッシュは粗めにします。これができるようになるには、コーヒーの特性を学び、様々なコーヒーを知って検証を重ねることです。

ミルのホッパー内には常時6〜7分目まで豆を入れておくと、挽き具合や落ちる粉の量が安定します。

長年使っている、ラ・チンバリーのエスプレッソミル。レバーを引いて1回に落ちる粉の量が7gになるよう設定している。

「液体」を使う

コーヒーの風味や色を付ける

「液体」とは、いわゆる抽出したエスプレッソのことです。料理をおいしく作るためには、まず基本のエスプレッソをきちんと淹れられることが大切です。

よいエスプレッソを淹れる要素は、豆が50%、マシンが30%、バリスタの腕が20%といわれています。トータルで100%になるよう基本の抽出技術をマスターし、必ず抽出したてのエスプレッソを使うようにしましょう。

液体の使い方としては、マスカルポーネチーズと合わせてコーヒーチーズクリームを作ったり、ヨーグルトと合わせてカルパッチョソースにしたり。一番用途が広く、苦味を添えたい時やコーヒーの風味を持たせたい時などに活躍します。また、漬け込み用の液に混ぜることもあり、この場合はコーヒーらしい色合いを素材に移すこともできます。

日本でずっと使っている、ラ・チンバリーのセミオートマシン M39。マシンは店のコンセプトと規模、使う豆との相性を基準に選ぶことが重要。

基本のエスプレッソ抽出法

7gの豆を挽き、ホルダーに詰める。きちんと計量した粉の上面が、ホルダー内のどのあたりまでくるか覚えておく。次にホルダーを軽く手で叩いて粉の表面をならし、ホルダー内の粉が均一に詰まるようにする。

ミルの突起部分やタンパー（ミルタンパー）やハンドタンパーなどを使ってタンピングを行う。タンピングは旨味を出すための重要な作業。16～20kgの圧力をかけてホルダー内の粉を水平にする。水平にすることで湯が均一に粉を通るようになり、きちんと旨味を出すことができる。タンピングが強すぎると苦味が出て、弱すぎると酸味が出やすくなるので、適切な圧力をかけるようにする。

抽出ボタンを押して4～5秒の蒸らしが終わると、はちみつのようにとろりとした液体が出てくる。15秒を過ぎたあたりで、濃い茶色から淡い茶色に変化し、出てくる液体（旨味成分）の量も徐々に少なくなる。約25秒で、約25mℓのエスプレッソが抽出されるのが目安となる。ホルダー内の粉の表面が水平になっていない、またはマシンが水平に設置されていないと、2個のカップへの抽出量が違ってくるので注意する。

ベストなエスプレッソは、スプーンで混ぜてもすぐにクレマが元の状態に戻る。クレマが広がったまま元に戻らない時や、すぐに消えてなくなる時は、豆が古い、メッシュが合っていないなどの原因が考えられる。また、抽出後の出し殻の状態でもエスプレッソの良し悪しが判断できる。指で軽く表面を押した時、場所によってへこんだりへこまなかったりばらつきがあるのは、タンピングやならしが均等になっていないことが原因。

出し殻を使う

生地に練り込んで香り付けに

エスプレッソを抽出した後の「出し殻」も料理に使います。イメージはあまりよくないかもしれないけれど、出し殻も素材の一つとして何かに使えないか、長い間考えていました。豆の油分が抜けても香りは残っているので、パンやパスタの生地に練り込み、香り付けとして活用することを思いつきました。

ただ、イタリアのチャバッタのような低加水のパン生地にそのまま混ぜると、生地の状態に影響してしまうので、出し殻は乾燥させてから使います。天板に広げてオーブンの上などに置いておけば、自然に乾燥します。これなら生地に影響を与えず、香り豊かなパンやパスタが作れます。おいしい上に、豆を捨てることなく丸ごと使い切れるので一石二鳥です。

抽出後、フォルター内に残った出し殻も、料理に活用。天板に広げて自然乾燥させ、パンやパスタの生地に練り込む。

万能なエスプレッソで料理を作ろう！

>>>Cuciniamo utilizzando l'ingrediente universale: il caffè!

エスプレッソが料理に様々な魅力を加える

エスプレッソ料理の魅力や5つの使い方について説明してきました。味や香り、食感などで料理に様々な魅力を加えるエスプレッソは、隠れた万能食材であることがおわかりいただけたでしょうか。これまでに見たことも食べたこともないエスプレッソ料理を、さっそく作ってみませんか。

本書では、アンティパスト（前菜）、インサラータ（サラダ）、プリモピアット（第一の皿）、セコンドピアット（第二の皿）に加え、ドルチェ（デザート）、ベーシックドリンク、アレンジドリンク、カクテルのレシピもご紹介しています。これらのメニューを実際に作ってみれば、きっとエスプレッソの魅力を再認識してもらえることでしょう。独自にアレンジを加えてもＯＫ。バリエーションを広げて、多くの人にエスプレッソ料理のおいしさを伝えてもらえたらと思います。

エスプレッソの味わいや香りが、素材を引き立ててくれる。これまでにないエスプレッソの使い方により、目新しさもアピールできるだろう。

Capitolo 2°

エスプレッソを「素材」として使う料理

イタリアで親しまれている料理をベースに、
エスプレッソを素材として取り入れたメニューを
レシピ付きでご紹介。
ドルチェやドリンクもあり、コースを組み立てることも可能だ。
エスプレッソ料理の魅力をぜひ体感してほしい。

＜アイコンの説明＞  …豆 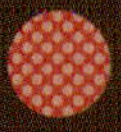 …挽き豆 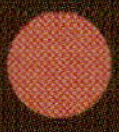 …粉  …液体  …出し殻

Antipasto

アンティパスト ～前菜～

アンジェロッティ（揚げピッツァ）

Angelotti

油で揚げた一口サイズのピッツァ生地とトマト、バジルを冷たいドレッシングであえれば、手軽に食べられる前菜のでき上がり。仕上げにふるのは、エスプレッソの粉と塩をブレンドした「エスプレッソ塩」。香りが飛ばないよう、直前にブレンドすることが重要だ。トマトの甘味、エスプレッソ塩の苦味と塩気のバランスが絶妙！

>>>Ricctta P145

エスプレッソ風味 燻製ベーコン

Pancetta affumicata al gusto di caffè

燻製にもエスプレッソを利用。燻煙材とエスプレッソ豆を使って燻煙をかければ、スモーキーさの中にほんのりとコーヒー香が漂う、ひと味違った燻製ができ上がる。添える粒マスタードにも小さなサプライズが。隠し味にエスプレッソの粉を混ぜており、マスタードの酸味とエスプレッソの苦味のマッチングが楽しめる。

>>>Ricetta P146

エスプレッソ風味のマスカルポーネ 生ハム包み　マロンメラッセ入り

Involtini al prosciutto e mascarpone con caffè e marroni canditi

「ティラミス」の発想でマスカルポーネチーズとエスプレッソを組み合わせ、小粋な前菜に仕立てた。生ハムで巻いた、コーヒークリームのような味わいのマスカルポーネチーズが口の中でトロッととろけ、思わず顔がほころぶ。中に潜ませたマロンメラッセの甘味が、生ハムとエスプレッソをうまくつないでくれる。

>>>Ricetta P147

エスプレッソ チャバッタの ブルスケッタ

Bruschetta di Ciabatta al caffè con pomodoro

黒いパンの正体は、エスプレッソの出し殻を乾燥させて生地に練り込んだ「エスプレッソのチャバッタ」。香りよく、ほんのり苦味も感じるこのパンが、どんな具材をも引き立ててくれる。素材の色味も美しく映えさせ、テーブルを華やかに盛り上げること間違いなし。好みの具材をのせて、バリエーションを広げよう。

>>>Riccetta P148

ジャガイモの
エスプレッソグラタン

Patate gratinate al gusto di caffè

カプチーノを飲めばわかるように、乳製品×コーヒーは誰もが認めるベストな組み合わせ。そこで、ベシャメルソースにエスプレッソをやや多めに混ぜ、グラタンにしてみた。エスプレッソの香りや味わいが引き立つよう、具材はシンプルにじゃがいものみを使用。コーヒー風味のグラタン、なかなかオツな味だ。このベシャメルソースはラザニアにも合う。

>>>Ricetta P149

白身魚のカルパッチョ
ヨーグルト&エスプレッソ ソース

Carpaccio di pesce bianco con salsa yogurt e caffè

バニラ風味のヨーグルトとエスプレッソを使ったオリジナルドリンク「アルコバレーノ」をヒントに、カルパッチョソースを考案した。ヨーグルトとエスプレッソは、意外にも好相性。バニラの甘い香りもよく合う。エスプレッソを混ぜる際は、一気に加えると分離しやすく、苦味も上がってしまうので、混ぜながら少しずつ加えよう。

>>>Ricetta P150

エビと枝豆の
エスプレッソカクテルソース

Cocktail di gamberetti e fagioli di soia verdi al caffè

ケチャップとマヨネーズをベースにしたクラシックなオーロラソースに、エスプレッソを加えてアレンジ。バルサミコ酢も使って、イタリアらしいカクテルソースに仕上げた。ほどよい酸味がエスプレッソの苦味を抑え、また、エスプレッソの香りが魚介の臭みをやわらげる役割を果たしてくれる。 >>>Ricctta P151

パルメザンチーズの
エスプレッソマリネ

Marinato al caffè di parmigiano reggiano

エスプレッソにグラニュー糖とバルサミコ酢を加えたマリネ液に、パルミジャーノチーズのブロックを3日間、ゆっくりと漬け込む。たったこれだけで、ワインのおつまみに最適な一品ができ上がる。ほのかに感じるエスプレッソの風味が、チーズにコクをプラスしてくれる。残ったマリネ液は捨てずに、肉料理のソースに活用しよう。

>>>Ricetta P152

ネッチ
エスプレッソを利かせて！

Necci al caffè

栗粉を使ったイタリア北部の伝統菓子「ネッチ」をモチーフにした一品。栗粉で香ばしいクレープを焼き、エスプレッソを混ぜたリコッタチーズ、生ハム、挽き豆を巻く。挽き豆の食感が、アクセントとして活躍する。クレープ生地は、冷蔵庫で一晩ねかせてから焼こう。栗の味わいが一層引き立ち、おいしさがアップする。

>>>Ricetta P153

ジャガイモのフリッコ エスプレッソ仕立て

Frico con patate al caffè

じゃがいもとチーズで作る「フリッコ」は、イタリア北部に伝わる郷土料理。エスプレッソを混ぜて、仕上げには豆を挽きかけ、コーヒーの味と香りで趣向を変えてみた。チーズはフォンデュに使うフォンティーナを使用。独特のコクと甘味がじゃがいもとエスプレッソをつないで、バランスをとってくれる。

>>>Ricetta P154

ズッキーニとライスサラダのカネロニ仕立て　デルソーレ風

Cannelloni di zucchine e riso allo stile “Del sole”

ズッキーニをパスタに見立てて、カネロニスタイルに仕上げた。中に詰めるレモン風味のライスサラダは、アクセントとしてエスプレッソの粉を混ぜる。まわりにかけるマヨネーズにも、エスプレッソを合わせた。下の写真のように、ライスサラダの上にロディジャーノチーズを削り、挽き豆をかける盛り付けなら、素早い提供も可能になる。

>>>Ricetta P155

＼アレンジ／

ロディジャーノチーズのエスプレッソ和え

Formaggio lodigiano al caffè

クリーミーなロディジャーノチーズを薄く削り、エスプレッソの粉をかけた、手軽なワインのおつまみ。グラニュー糖をかけて甘味を添えることで、エスプレッソの風味がより引き立つ。

>>>Ricetta P156

スモークナッツ　エスプレッソ風味

Noci affumicate al sapore di caffè

おつまみに最適なミックスナッツにエスプレッソ豆をスモークして、香りをプラス。噛んだ瞬間に、コーヒーの香りがふわっと上がる。素早く提供できる一品なので、仕込んでおくと重宝する。

>>>Ricetta P156

Insalata

インサラータ ～サラダ～

エスプレッソとクルミのサラダ

Insalata di noci e caffè

葉野菜のシンプルなサラダに、くるみとへらで砕いたエスプレッソ豆をあえて、木の実だけではない歯触りをプラス。粗めに砕いた豆を噛んだ瞬間、口の中でコーヒーの香りが広がる仕掛けが楽しく、「アンコーラ」の人気メニューになっている。肝心なのは、適正な焙煎がなされた、鮮度のよいエスプレッソ豆を使うことだ。

>>>Ricctta P157

お米のサラダ

Insalata di riso al caffè

「ライスサラダ」はイタリアでおなじみの料理。シンプルな味付けの中に、エスプレッソの挽き豆で香りと食感を、抽出した液体で味わいを添えて、豊かなコーヒー感を打ち出した。グラナパダーノチーズが、米とエスプレッソのつなぎ役として活躍。具だくさんでさっぱりと食べられるので、夏場のランチメニューにもおすすめだ。

>>>Ricctta P158

夏野菜のグリル
エスプレッソ煮卵添え
エスプレッソマヨネーズ

Verdura grigliata con uovo marinato al caffè con maionese al caffè

麺料理などでおなじみの味付け卵をエスプレッソで作り、グリル野菜にトッピングした。卵をエスプレッソで煮るのではなく、浸しておくだけなので、作り方は簡単。ほんのりとコーヒーの香る卵が、食べる人に驚きを与えるだろう。ほどよく苦味をきかせたエスプレッソマヨネーズも、グリル野菜の甘味を引き出してくれる。

>>>Ricetta P159

エスプレッソパンのサラダ（パンツァネッラ）

Panzanella con insalata di pane al caffè

「パンツァネッラ」は硬くなったパンをおいしく食べるために考えられた、トスカーナの定番サラダ。「エスプレッソチャバッタのブルスケッタ」と同じパンを使い、野菜やアンチョビとともにシンプルに味付けし、エスプレッソ煮卵をトッピングした。仕上げにエスプレッソ豆を挽きかければ、香りのよいサラダが完成する。

>>>Ricetta P160

バーニャカウダー

Bagna càuda al caffè

バーニャカウダーのソースにエスプレッソを加えれば、アクセントの役割を果たしおいしさが高まる。アンチョビの塩気が苦味をうまく活かしてくれるので、エスプレッソは多めに入れてもいいだろう。ただ、コーヒーの香りが飛ばないよう、仕上げに加えることを忘れずに。カフェのおつまみとしてもおすすめだ。

>>>Ricetta P161

エスプレッソのカルボナーラ バリスタ風

Spaghetti alla carbonara di caffè alla barista

抽出したてのエスプレッソを加えた、コーヒー色のカルボナーラ。ふわっとエスプレッソが香り、ほどよい苦味で後味もいい。香りが命のメニューなので、エスプレッソを加えたら煮詰めず、温めるような気持ちで手早く調理を進めよう。卵のまろやかさや甘味で、コーヒーと味わってもよく合う。バリスタのいるカフェに似合いそうだ。

>>>Ricetta P162

白いカルボナーラ
ビアンコ デルソーレ

Spaghetti alla carbonara in bianco allo stile “Del sole”

見た目はごくふつうのカルボナーラなのに、食べるとコーヒーの香りがする、なんとも摩訶不思議な一品。タネを明かすと、生クリームにエスプレッソ豆を一昼夜漬け込み、香りを移したため。前ページのカルボナーラよりも軽やかな味わいに仕上がる。両メニューを揃えて、白黒の対比を楽しませてもいいだろう。

>>>Ricetta P163

カッチョ エ ペペ・カフェ バリスタ風

Spaghetti cacio e pepe al caffè del barista

イタリア語で「カッチョ」はチーズ、「ペペ」は胡椒の意味。これらの素材で作ったシンプルなパスタだ。ベースはバターだが、バターだけでは重すぎるのでオリーブオイルで油分を補い、エスプレッソを注いで弱火でゆっくりと乳化させる。チーズはマイルドなグラナパダーノで、塩気のある生ハムをトッピングしてもバランスがとれる。ミルでエスプレッソ豆を挽いて、香り豊かに仕上げよう。

>>>Ricetta P164

エスプレッソのカッペリーニ

Capellini al caffè

極細の「カッペリーニ」を使った冷製パスタ。多めのオリーブオイル、バルサミコ酢、湯むきしたトマトを、氷水にあてながらしっかり混ぜて乳化させ、エスプレッソを注いでコーヒー色のソースを作る。バルサミコ酢やトマトの酸味がエスプレッソの苦味を中和し、調和のとれた味にまとめてくれる。食欲が落ちる猛暑の時期にもおすすめだ。

>>>Ricetta P165

トロフィエの白い
エスプレッソクリームソース

Trofie con crema di caffè bianco

「トロフィエ」は、トロフィーを模した生パスタのこと。手のひらで生地をねじって作る工程も楽しさの一つ。この生地にエスプレッソの出し殻を練り込み、ほのかな香りを添えた。クリーム系のソースと相性がよいので、エスプレッソ豆を漬け込んだ牛乳でソースを作ってみた。白いソースなのにコーヒーが香るのもおもしろい。

>>>Ricetta P166

ボンゴレ ネロ

Bigoli alle vongole nere

デュラム・セモリナ粉とエスプレッソの出し殻で作る、黒色（イタリア語で“ネロ”）をした手打ちパスタを使用。粉の旨味とエスプレッソの香りが楽しめ、コシの強いモチモチとした食感も魅力だ。「麺」を味わうメニューなので、あえてシンプルなボンゴレにした。アサリの旬である春から初夏におすすめしたい。

>>>Ricctta P167

エスプレッソの
タリオリーニ
（モンゴウイカとアサリのソース和え）

Tagliolini al caffè in salsa di seppie e vongole

手打ちパスタの一つ「タリオリーニ」にエスプレッソの出し殻を乾燥させて練り込み、香りをプラス。さらに、魚介を使ったソースに抽出したエスプレッソを加え、最後に豆を挽きかけて、３段階でコーヒーの風味を強調させた。幅広パスタとの相性を考慮し、魚介の旨味を凝縮させたやや重めのソースを合わせている。

>>>Ricetta P168

ペンネ クワトロフロマッジュ エスプレッソの香り

Penne ai quattro formaggi al profumo di caffè

ゴルゴンゾーラやマスカルポーネなど4種類のチーズを使った、クリーム系のパスタ。チーズ好きの人にはたまらない、濃厚で食べ応えのある一品だ。このソース作りの最後にエスプレッソを加え、仕上げに挽き豆をかける。苦味と香りでチーズが濃厚でも重すぎず、バランスのとれた味わいにまとまった。

>>>Ricctta P169

エスプレッソ　ラザーニア

Lasagna al caffè

板状パスタとボロネーゼソース、ベシャメルソースを何層にも重ねたラザーニアは、世代を問わず人気のあるメニュー。ベシャメルソースにエスプレッソを合わせたら、まろやかさに苦味が寄り添い、香りも付いて相性は抜群！　まとめて仕込んで焼いておけるので、パーティーメニューとしても重宝するだろう。

>>>Ricctta P170

トルテッリ
エスプレッソ風味の牛挽き肉包み

Tortelli di manzo al caffè

「トルテッリ」は詰め物入りのパスタ。詰め物やソースの工夫によりバリエーションが広がる。このメニューは、エスプレッソの出し殻を混ぜた生地で牛挽き肉を包み込み、抽出したエスプレッソとバターでソースを作ってみた。苦味が強調しないよう、バターが溶ける程度の加熱にとどめるのがポイントだ。

>>>Ricetta P171

カネロニ

Cannelloni al caffè

筒状のパスタに詰め物をしてオーブンで焼く「カネロニ」を、クレープ生地でアレンジした。鶏挽き肉や香味野菜などで作った詰め物をクレープで巻き、エスプレッソを混ぜたベシャメルソースとパルミジャーノチーズをかけて焼く。パスタよりもライトな食べ応えで、コーヒー風味のベシャメルソースにもよく合う。

>>>Ricetta P172

ハム入りニョッキ ローマ風

Gnocchi alla romana al caffè

デュラム・セモリナ粉で生地を作り、型抜きしてオーブンで焼くのが、ローマスタイルのニョッキ。表面はカリッとしていて、中はモチモチの食感が魅力だ。これはザバイオーネにエスプレッソを加えて泡立てたソースをかけた。カプチーノのミルクフォームを思わせる、ふわっとやさしい口当たりが、ニョッキの食感を引き立ててくれる。

>>>Ricetta P173

エスプレッソのリゾット ロディジャーノチーズのせ

Risotto al caffè con formaggio lodigiano

チーズ主体のシンプルなリゾットに、エスプレッソを加えてアレンジを試みた。ポイントは、エスプレッソを加えるタイミング。早すぎると苦味が立ち、香りも飛んでしまう。米の水分が飛んだ段階で加え、手早く仕上げるのがコツだ。ある程度ブイヨンで炊いておいた米を用意しておくと、スピーディーに調理できる。

>>>Ricetta P174

ピッツァ カルボナーラ バリスタスタイル

Pizza carbonara del barista

「エスプレッソのカルボナーラ」のピッツァ版ともいえるメニュー。ピッツァ生地にベーコン、モッツァレラチーズなどをトッピングし、エスプレッソを加えた卵液をかけて高温の窯でカリッと焼き上げる。エスプレッソ豆をミルで挽きかけ、ピッツァの香ばしさとともにコーヒーの香りをのせて提供。コーヒーとセットで味わってもよさそうだ。

>>>Ricetta P175

エスプレッソ ピッツァ
ドルチェ ヴィータ

Pizza al caffè "Dolce vita"

デザートとして食べてもらうドルチェピッツァ。エスプレッソをハケで塗って粉糖をかけ、高温の窯で表面を乾かす工程をくり返しながら焼き込んでいく。パリパリにキャラメリゼされた生地の上にマスカルポーネチーズをのせ、挽き豆をかけて完成。ほろ苦いキャラメルとエスプレッソに、甘味のあるマスカルポーネがとろり。ハマりそうなおいしさ！

>>>Ricctta P176

Secondo piatto

セコンドピアット　~第二の皿　メインディッシュ~

ホタテのグリル
エスプレッソソース仕立て

Capesante alla griglia con salsa al caffè

新鮮なホタテ貝柱をグリル焼きにした。ソースとして、バルサミコ酢とエスプレッソにホタテのひもを入れて煮詰め、貝のエキスを含ませたものをかける。エスプレッソの苦味が、ホタテの甘味を引き出す役割を果たしてくれる。肉にも魚介にも合うエスプレッソは、万能調味料であることが実感できる一皿だ。

>>>Ricetta P177

手長エビのグリル
バジルエスプレッソソース

Scampi alla griglia con pesto alla genovese con aroma di caffè

イタリアで「スカンピ」と呼ばれている手長エビは、甘味が強く濃厚な味わいが特徴。長いハサミを持つ姿を活かし、ダイナミックなグリル焼きにした。エビと相性のよいジェノベーゼに、マヨネーズとエスプレッソを混ぜたソースをかければ、わずかな苦味が手長エビの甘味を際立たせてくれる。カニや白身魚にもよく合う。

>>>Ricctta P178

鮮魚のグリル
エスプレッソ塩添え

Pesce alla griglia con sale al caffè

フレッシュな魚が手に入れば、塩、胡椒をしてグリルで焼くだけで充分においしく食べられる。濃厚なソースをかけるのはもったいないので、エスプレッソ塩を添えてみた。ひと味違った“香り塩”が、ワンランク上のメインディッシュに押し上げてくれる。香りが立つよう、提供直前にミルで挽いて作ることが重要だ。

>>>Ricetta P179

鶏のグリル　エンジェル風

Pollo alla griglia all'angelo di caffè

スパイシーな「チキンのディアボラ（悪魔）風」に対抗して、辛味のない「エンジェル（天使）風」を考案。黒胡椒のように見えるのは、エスプレッソの挽き豆。胡椒のように辛くなく、コーヒーの豊かなアロマが鼻に抜ける。鶏肉は身から皮目の順に、重石をして焼くのがコツ。臭みのある水分が抜けて、安価な肉でもおいしく焼ける。

>>>Ricctta P180

コトレッタ　バリスタ風

Cotoletta del barista

「コトレッタ」はミラノ風カツレツのこと。通常はやわらかい仔牛肉を叩いて薄くのばすが、豚の生姜焼き用肉で代用すればコストダウンできる。肉を少しずつ重ねて衣を付け、包丁の背で格子状に切れ目を入れると1枚肉のようになり、充分おいしい一品に。パン粉に混ぜたエスプレッソの粉が隠し味となって、カツレツにアクセントを添える。

>>>Ricetta P181

豚のグリル
バルサミコ エスプレッソソース

Maiale alla griglia con salsa balsamica e caffè

脂身の多い豚のＬボーンをグリルで焼き、豪快に盛り付けた一皿。ソースはバルサミコ酢とエスプレッソを煮詰めたもの。グラニュー糖を加え、最後にバターも入れて濃度を出し、コク深く濃厚な味わいを作り出した。エスプレッソの苦味が油っぽさを消してくれるので、このソースは特に脂身のある肉料理にマッチする。

>>>Ricetta P182

エスプレッソ
照り焼きチキン

Pollo Teriyaki al caffè

おなじみの照り焼きチキンにエスプレッソを使ってイタリア感を出してみた。みりんやバルサミコ酢などを煮詰め、濃度が出たところでエスプレッソを注ぐ。あとは鶏肉に煮からめ、食欲をそそるテリとツヤを出してでき上がり。醤油を使わずにエスプレッソで“甘苦さ”が楽しめる照り焼きになった。バルサミコ酢の効果で鶏肉もやわらかく仕上がる。

>>>Ricetta P183

サルティンボッカ

Saltimbocca con salsa al caffè

仔牛肉に生ハムとセージをのせて焼く、ローマの郷土料理。身近な豚生姜焼き用の肉を使ってアレンジした。肉を焼いたフライパンに、白ワイン、エスプレッソ、バターを入れてソースを作る。コーヒー感を前面に出したこのソースが、ほろ苦いセージにもマッチ。ほどよいとろみで肉にもよくからむ。

>>>Riccetta P184

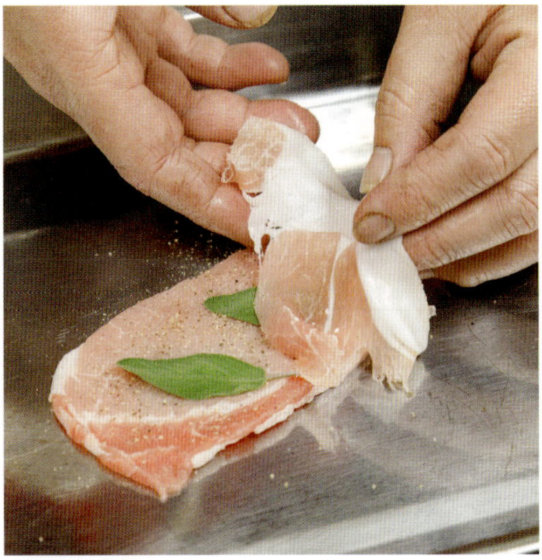

牛フィレ肉のピエモンテ風
エスプレッソ添え

Filetto di bue alla piemontese con salsa al caffè

やわらかい牛フィレ肉のグリル焼きを、きのこたっぷりのエスプレッソソースで味わう一品。炒めたきのこに、白ワインやバルサミコ酢、エスプレッソ、バターなどを入れて煮詰め、トマトソースを加えて牛肉にかける。仕上げにミルでエスプレッソ豆を挽きかければ完成。奥行きのある味わいのソースが、肉料理の魅力を高めてくれる。

>>>Ricetta P185

子羊のロースト
エスプレッソソース

Arrosto d'agnello con salsa al caffè

ラム肉には特有の香りがあり、香草を合わせて調理するのが一般的。少し目先を変えて、エスプレッソを利用してみた。「パルメザンチーズのエスプレッソマリネ」で使ったマリネ液を活用し、バターモンテしてかける。ソースとしてエスプレッソが調和するよう、塩気をきかせるのがポイント。ラムの香りをカバーして旨味もアップ！

>>>Ricctta P186

サルシッチャ（ソーセージ）の エスプレッソ粒マスタード添え

Salsiccia con senape in grani al caffè

挽き肉や香草などを腸詰めにした、イタリア版ソーセージの「サルシッチャ」。添える粒マスタードにエスプレッソを合わせた。エスプレッソの粉とともに、抽出した液体も少しずつ合わせてソース状にするのがポイント。からみがよくなり、不思議とアルコールのような風味も生まれる。好みでマヨネーズを少々混ぜても合いそうだ。

>>>Ricctta P187

子羊のローズマリー風味の
パイ包み焼き　ジャガイモのロースト添え

Abbacchio in sfogliata al profumo di rosmarino con arrosto di patate

イタリアではあまり見かけないパイ包みの技法を用いた、しゃれた一皿。「牛フィレ肉のピエモンテ風　エスプレッソ添え」で用いたきのこのソースをペースト状にし、ラム肉、ローズマリーとともにパイ生地で包んで、香りや旨味を閉じ込めながら焼き上げる。作るのにひと手間かかるが、その分、おいしさもひとしおだ。

>>>Ricetta P188

スペアリブ　イタリア風

Costina di maiale marinata al caffè all’italiana

手づかみで豪快に食べるスペアリブは、醤油やはちみつ、にんにくなどがきいた濃厚な味付けが合う。この漬け汁に、醤油と同量のエスプレッソを加えて、アレンジしてみた。濃厚な味の奥にほどよい苦味を感じ、脂身の多いスペアリブをさっぱりと食べやすくしてくれる。仕上げにかける挽き豆も、香り付けで効果を発揮する。

>>>Ricetta P189

チキン南蛮
デルソーレ スタイル

Pollo Nanban allo stile “Del sole”

衣を付けて揚げた鶏肉を甘酢に浸し、タルタルソースをかける「チキン南蛮」を、イタリア流にアレンジ。タルタルソースにエスプレッソを混ぜ、コーヒーの風味で深みを出した。ブラウン色のタルタルソースは、まろやかさの中にエスプレッソの香味も感じられてユニーク。カジュアルなカフェのメニューにもおすすめできる。

>>>Ricetta P190

Dolce

ドルチェ ～デザート～

パチューゴ

Paciugo

アマレーナチェリーを入れたセミフレッドをメインに、食感の変化を楽しんでもらうため、メレンゲやアマレットクッキーをトッピングした。「パチューゴ」は、リグーリア州の方言で「混ぜる（グチュグチュにする）」という意味がある。その名の通り、テーブルで熱々のエスプレッソをかけ、混ぜ合わせて食べる。

>>>Ricctta P191

カフェ ビアンコ（白い珈琲のパンナコッタ）

Panna cotta al caffè bianco

イタリア語で「白いコーヒー」と名付けたパンナコッタ。エスプレッソ豆を漬け込んだ生クリームを使っており、口に入れるとふわっとコーヒーが香る。仕上げにエスプレッソの粉をかければ、香りも倍増！ >>>Ricctta P192

フルッタ ディ グラティィネ（フルーツグラタン）

Frutta gratinata al caffè

グラタン仕立てで楽しむ温かいドルチェ。エスプレッソを混ぜたカスタードクリームをフルーツにかけ、粉糖をふってオーブン焼きに。表面はパリッとしていて、コーヒー風味のクリームが舌にとろりとのる食感も魅力。 >>>Ricetta P193

アフォガート

Affogato

冷たいジェラートに熱いエスプレッソをかけて食べる、オーソドックスなドルチェ。温度差や甘味と苦味のハーモニーが楽しめ、カフェやバールでも人気が高い。アーモンドプラリネで食感のアクセントを添えた。

>>>Riccetta P194

ボネ（チョコレート・エスプレッソプリン）

Bonet di caffè

イタリアの定番ドルチェ「ボネ」をアレンジ。チョコレート風味のプリンに相性抜群のエスプレッソを加え、カフェモカのようなおいしさを出した。コーヒーカップを器に使うことで、エスプレッソの印象を深めている。 >>>Ricetta P195

ジェラート コロッケ エスプレッソソース

Crocchetta di gelato in salsa al caffè

ジェラートの中にエスプレッソ寒天をしのばせ、ツルッとした舌触りをプラス。俵型に成形し､衣に見立ててローストナッツをまぶしている。ジェラートをコロッケ風に仕立てた、遊び心があふれるドルチェだ。

>>>Ricetta P196

カンノーロ エスプレッソプラリネ

Cannolo croccante al caffè

「カンノーロ」はリコッタチーズベースのクリームを詰めた、シチリア地方の揚げ菓子。エスプレッソ風味の生地に、エスプレッソ豆入りプラリネをまぶして、コーヒーの香りが漂うドルチェに仕立てた。

>>>Ricetta P197

プロフィットロール

Profiteroles con crema di caffè

小さなシュークリームを積み上げる「プロフィットロール」をアレンジ。カスタードクリームにエスプレッソを混ぜ、エスプレッソのソースをかけて提供する。甘さの中にほろ苦さを感じる大人の雰囲気を表現した。

>>>Ricetta P198

ティラミス

Tiramisù

エスプレッソを使ったドルチェの代表といえば、やはり「ティラミス」。「私を上へ引き上げて」という意味で、人を元気づけるために名付けられたといわれている。香り豊かな INEI 認定の豆を使えば、おいしさも格別である。 >>>Ricetta P199

アフォガート ティラミス

Tiramisù affogato

スポンジ生地を使わずに、ティラミスをグラスデザートで表現した。卵黄や生クリーム、マスカルポーネチーズで作ったクリームをグラスに盛り、熱々のエスプレッソをかけて食べる。フルーツを組み合わせてもいい。 >>>Ricetta P200

アフォガート ミエーレ

Affogato con miele

「ミエーレ」はイタリア語で“はちみつ”のこと。文字通り、はちみつでジェラートを溺れさせた。ジェラートの後に口溶けのよいはちみつが追いかけ、エスプレッソ粉の食感で締める。三位一体で生まれるおいしさが魅力。 >>>Ricctta P201

アフォガート マジコ

Affogato magico

ミルクジェラートの上にアーモンドプラリネとマロンメラッセをのせ、綿菓子をかぶせて提供。テーブルで熱々のエスプレッソをかけると綿菓子が溶けて、アーモンドとマロンがお目見えする。これぞマジコ（マジック）！ >>>Ricetta P201

エスプレッソ ジェラート

Gelato al caffè

INEI 認定の豆で作る、香り豊かなジェラート。食後にエスプレッソを飲んでほしいので、香りを存分に出しながら苦味を抑えた、マイルドな味わいに仕上げている。エスプレッソが飲みたくなる、そんなジェラートだ。

>>>Ricetta P202

カッサータ

Cassata al caffè

シチリア地方のアイスデザートを、パウンドケーキ風にアレンジ。濃厚なクリームに砕いたエスプレッソ豆を混ぜて苦味をプラス。緑色のマジパンやドレンチェリー、エスプレッソ寒天で、豪華にデコレーションした。 >>>Ricctta P203

ズコット

Zuccotto con croccante al caffè

聖職者がかぶる帽子から名が付いた、歴史あるフィレンツェの菓子。ナッツたっぷりのクリームをスポンジで覆った、ドーム型のケーキだ。クリームとナパージュにエスプレッソを使って、新たな魅力を添えた。

>>>Ricctta P204

Caffè e alcolici

カフェ・アルコール ~イタリアンベーシック~

カプチーノ

Cappuccino

エスプレッソとフォームドミルクのペアリングを楽しませる、ベーシックドリンク。エスプレッソの入ったカップをピッチャー側に少し傾けて勢いよくミルクを注ぎ、表面にフォームを浮かび上がらせるよう、ピッチャーを低く近づける。表面にフォームが浮き上がってきたらカップを水平に戻し、すり切りまで注いで仕上げる。

>>>Ricetta P205

マッキャート

Caffè macchiato

マッキャートはイタリア語で「染み」を意味する。フォームドミルクが染みのようにエスプレッソに付いている様子から、この名が付いた。「カプチーノ」よりも空気量の少ないフォームドミルクで作る。 >>>Ricetta P205

ラッテ マッキャート

Latte macchiato

「マッキャート」の逆バージョンで、フォームドミルクにエスプレッソを注いで、コーヒーの「染み」を付ける。ミルク感がたっぷりで、エスプレッソと織りなす美しい層も魅力。 >>>Ricetta P206

シェカラート

Caffè shakerato

イタリアではアイスコーヒーといえば「シェカラート」だ。グラニュー糖やミルクとともにシェーカーで作り、まろやかな口当たりとスムーズなのど越しを楽しませる。エスプレッソを急冷させるため、香りもしっかり残る。 >>>Ricetta P206

~アレンジ~

カプチーノ サーレ（塩キャラメル）

Cappuccino al gusto di caramello salato

キャラメルソースとシロップを加えた、アレンジカプチーノ。シチリア天日塩の塩気がアクセントとなり、キャラメルの甘さを引き立てる。良質な塩を作る天日へ感謝の意を込め、太陽（デルソーレ）をデザインした。

>>>Ricetta P207

アルコバレーノ

Arcobaleno

バニラの甘い香り、ヨーグルトの酸味、エスプレッソの苦味がグラスの中で融合した、好バランスの一杯。とろっとした口当たりに心地よさを感じる。デザインは、アルコバレーノ（イタリア語で「虹」の意味）をイメージ。 >>>Ricctta P207

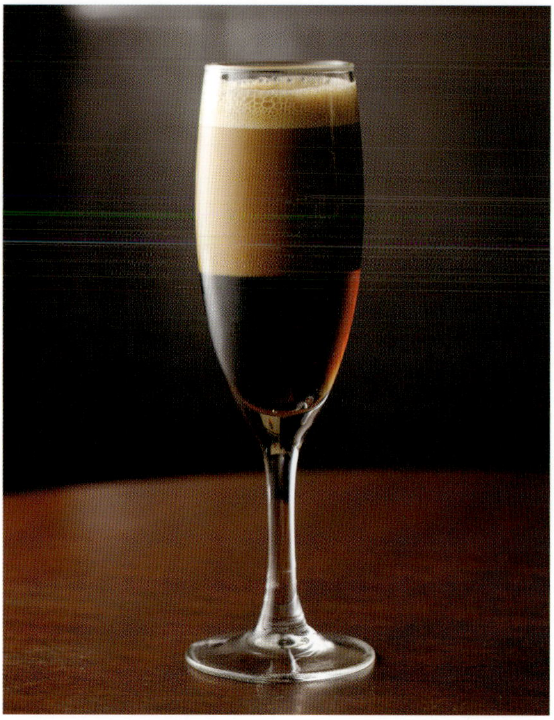

爽やかカフェ

Caffè rinfrescante

ミルクジェラートとエスプレッソをシェークしてコーラの上に注いだ、まるでコーラフロートを飲むようなドリンク。さっぱりとした炭酸の後口が、爽快感をかもし出す。 >>>Ricctta P208

カフェ シシリアーノ

Caffè siciliano

シチリア名産のブラッドオレンジとエスプレッソを組み合わせた。濃赤色のジュースとエスプレッソが美しい層を作る。レモンを搾れば、すっきりした飲み心地に。 >>>Ricctta P208

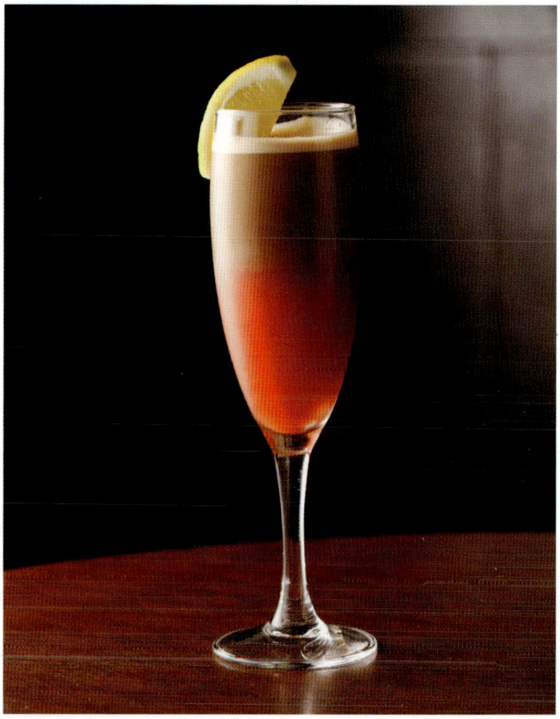

カフェ ノッチョリーナ

Caffè nocciolina

ヘーゼルナッツ（イタリア語でノッチョリーナ）のジェラートとシロップを使った、エスプレッソのグラニータ。チョコレートシロップでグラスに模様を描いてドレスアップ。アーモンドプラリネを飾りナッツ感をプラスした。 >>>Ricctta P209

ビッテル

Bitter

マルティーニのヴェルモット、プロセッコ、カンパリと、イタリアを代表する三大アルコールをテーマにした、オリジナルカフェカクテル。キリッとした飲み応えの後にエスプレッソのほろ苦さが追いかける、絶妙のバランス。 >>>Ricetta P209

クレーマ

Crema

イタリアで食後酒として飲まれている薬草系リキュールのアマーロ・デル・カーポをエスプレッソに入れた。フォームドミルクのソフトな舌触りで飲みやすさを加えたホットカクテル。

>>>Ricetta P210

アマレーナ

Amarena

アマレットリキュールとダークチェリーを使った、女性向きのカプチーノ風カクテル。冷ましたミルクフォームをのせて、ムースのようなやさしい口当たりを添えた。 >>>Ricctta P210

カルーア ミルク エスプレッソ風味

Latte di Kahlua al caffè

人気カクテル「カルーアミルク」を、カプチーノスタイルでカジュアルに飲ませる一杯。エスプレッソにカルーアを混ぜ、冷たい牛乳とミルクフォームで仕上げた。

>>>Ricctta P211

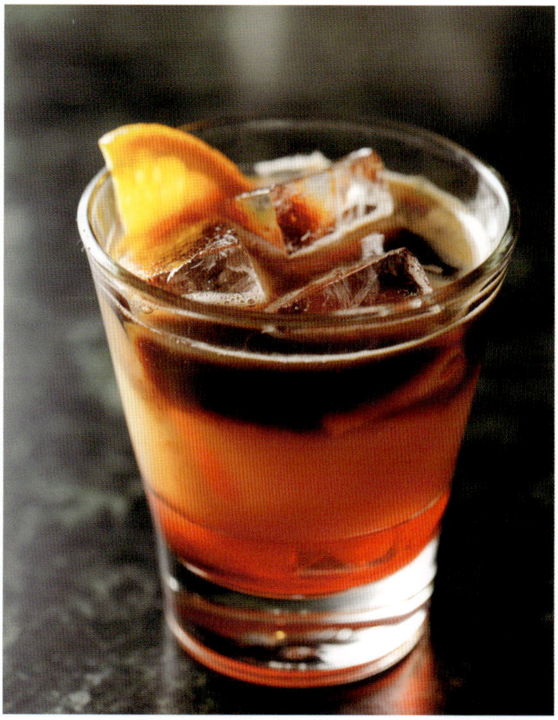

ミラーノ

Milano

カンパリオレンジをヒントに、オレンジとコーヒーの好相性が楽しめるカクテルを考案。カンパリ特有の苦味がすっきりした味わいをもたらす。層の美しさもグラスに映える。 >>>Ricetta P211

アランチョーネ

Arancione

「アランチョーネ」はイタリア語でオレンジのこと。エスプレッソと牛乳、オレンジリキュールをシェーク。フルーティーな香りが漂い、適度な甘さで飲みやすい一杯。 >>>Ricetta P212

取材協力店

CUCINA ITALIANA
ANCORA（アンコーラ）

山口県内でイタリアンレストランを展開する大久保憲司シェフが、2014年にオープン。イタリアでの修業経験を活かし、自家製麺を使ったパスタ、ナポリ直輸入の窯で焼き上げるピッツァをメインに、イタリア全土の郷土料理を提供。広々とした店内は、テーブル席とカウンター席のほかテラス席も用意し、県内外から訪れる常連客を掴んでいる。人気のランチセットは2160円（ピッツァ or パスタ、フォカッチャ、サラダ、ケーキ、ドリンク付き）と、3240円（肉または魚料理、イタリア風前菜盛り合わせ、フォカッチャ、サラダ、ケーキ、ドリンク付き）の2種類を用意（価格は税込）。常時12種類ほどを揃える自家製ケーキも評判が高く、テイクアウト販売も行っている。横山千尋バリスタを招いたイベントも定期的に開催。山口市内に『ピッツェリア・アンコーラ』もある。

DATA
■住所／山口県宇部市草江4-7-15　■TEL／0836-43-9918　■営業時間／11時～22時
■定休日／火曜　※価格や店舗データは、2019年10月現在のものです。

BAR DEL SOLE
（バール・デルソーレ）

2001年9月に開業。2019年9月現在、東京・高輪店、赤坂見附店、銀座2Due店、中目黒店、神奈川・武蔵小杉店、名古屋・名駅店、大阪・ステーションシティ店の計7店舗を展開中。さらに、ジェラートショップも展開し、横浜そごうに『ジェラテリア・デルソーレ』、東京・東麻布にジェラテリア『麻布ファブリカ』がある。

▶ https://www.delsole.st

Ricetta

エスプレッソを「素材」として使う料理（P24～143）の材料と作り方

アンジェロッティ（揚げピッツァ）

Angelotti

＜材料（1皿分）＞
ピッツァ生地★…150g ／中力粉…適量／揚げ油…適量
ミニトマト…15個／バジル…4枚／ EXV. オリーブオイル…50ml ／塩、胡椒…各適量
エスプレッソ塩…3g
※塩とエスプレッソ（粉）を1:6の割合でブレンドしたもの

＜作り方＞
1　ピッツァ生地を1cm 厚にのばし、3cm 四方に切って中力粉をまぶす。
2　180℃に熱した油に1を入れ、時々返しながらきつね色に揚げる。
3　ボウルに4等分に切ったミニトマト、ちぎったバジル、EXV. オリーブオイル、塩、胡椒を入れて混ぜる。
4　3に2を入れてあえ、器に盛り付けてエスプレッソ塩をかける。

★ピッツァ生地
＜材料（作りやすい量）＞
水…800ml ／塩…25g ／中力粉…1kg ／ドライイースト…2g

＜作り方＞
1　ボウルに水を入れ、塩を加えて溶かす。
2　1に中力粉1/3量を入れて混ぜ合わる。
3　ドライイーストと中力粉1/3量を入れて、さらに混ぜ合わせる。
4　残り1/3量の中力粉を入れ、グルテンが出るまでしっかり練る。
5　台の上に移し、布巾をかけて10分休ませる。
6　1個180g に分割する。

エスプレッソ風味 燻製ベーコン

Pancetta affumicata al gusto di caffè

＜材料（作りやすい量）＞

厚切りベーコン…300g／燻煙材（サクラなど）…100g／エスプレッソ（豆）…100g
グラニュー糖…30g／粒マスタード…20g／エスプレッソ（粉）…1g
トレビス、EXV.オリーブオイル…各適量

＜作り方＞

1 フライパンに燻煙材、エスプレッソ豆、グラニュー糖を入れて金網をのせ、厚切りベーコンを置く。
2 ボウルの内側をアルミ箔で覆い、1の上にかぶせる。
3 強火にかけて煙が出たら中火にし、30分ほどスモークする。
4 粒マスタードにエスプレッソ粉を入れて混ぜる。
5 3をスライスしてトレビスを敷いた器に盛り、4を添えてオリーブオイルをかける。

エスプレッソ風味のマスカルポーネ 生ハム包み　マロンメラッセ入り

Involtini al prosciutto e mascarpone con caffè e marroni canditi

＜材料（1人分）＞

マスカルポーネチーズ…80g／エスプレッソ（液体）…25ml

マロンメラッセ（栗のシロップ漬け）…2個／生ハム…3枚／ルッコラ…適量

エスプレッソ（挽き豆）…適量

＜作り方＞

1　ボウルにマスカルポーネチーズを入れ、エスプレッソ（液体）を少しずつ加えながら混ぜ合わせる。

2　マロンメラッセを細かく切る。

3　広げた生ハムの上に1、2の順でのせて包み込む。

4　器に盛って中央にルッコラを飾り、エスプレッソ（挽き豆）を全体にかける。

エスプレッソ チャバッタの
ブルスケッタ

Bruschetta di Ciabatta al caffè con pomodoro

＜材料（1人分）＞
　トマト…1個／バジル…3枚／塩、黒胡椒、EXV. オリーブオイル…各適量
　エスプレッソ チャバッタ★…2枚／エスプレッソ（粉）…適量

＜作り方＞
1　トマトは細かく切り、バジルは細切りにする。
2　ボウルに1を入れ、塩、黒胡椒、オリーブオイルで味付けする。
3　エスプレッソ チャバッタの上に2をのせて器に盛り、エスプレッソ（粉）をかける。

★エスプレッソ チャバッタ
＜材料（作りやすい量）＞
　中力粉…1000g／塩…20g／インスタントドライイースト…2g
　水…800ml／エスプレッソ（出し殻を乾燥させたもの）…50g／打ち粉…適量

＜作り方＞
1　ボウルに中力粉、塩、ドライイーストを入れて混ぜる。
2　続いて水を入れて混ぜ、エスプレッソ（出し殻）を入れてさらに混ぜる。
3　生地がまとまったらラップをかけて、室温で一次発酵させる（約1時間）。
4　生地を折りたたんで打ち粉をふり、室温で二次発酵させる（約30分）。
5　適当な大きさに切り分け、250℃のオーブンで15分焼く。

ジャガイモの
エスプレッソグラタン

Patate gratinate al gusto di caffè

＜材料（2人分）＞

じゃがいも…2個／ベシャメルソース…180g／40%生クリーム…50ml
エスプレッソ（液体）…50ml／モッツァレラチーズ…30g
グラナパダーノチーズ…20g／エスプレッソ（挽き豆）…適量

＜作り方＞

1　じゃがいもは一口大に切り、耐熱器に広げておく。
2　鍋にベシャメルソースを入れて弱火にかけ、生クリームを加えてのばす。
3　2にエスプレッソ（液体）を入れ、混ぜながら火を通す。
4　1に3をかけ、モッツァレラチーズとグラナパダーノチーズをのせる。
5　250℃のオーブンで10分焼く。
6　器に盛り、エスプレッソ（挽き豆）をかける。

白身魚のカルパッチョ
ヨーグルト & エスプレッソ ソース

Carpaccio di pesce bianco con salsa yogurt e caffè

＜材料（1人分）＞

白身魚（タイ、ヒラメ、スズキなど）…80g

バニラ風味ヨーグルト…80g ／バニラシロップ…10g ／エスプレッソ（液体）…25ml

野菜（ミニトマト、トレビス、シブレット、セルフィーユ）…各適量

EXV. オリーブオイル…適量

＜作り方＞

1　白身魚は薄くそぎ切りにし、皿一面に並べる。

2　ボウルにバニラ風味ヨーグルトとバニラシロップを入れて混ぜ、さらにエスプレッソ（液体）を何回かに分けて加え、その都度よく混ぜる。

3　1に2をかけ、細かく切った野菜をのせ、オリーブオイルをかける。

エビと枝豆の
エスプレッソカクテルソース

Cocktail di gamberetti e fagioli di soia verdi al caffè

＜材料（2人分）＞

エビ…10尾／枝豆…60g／塩…適量／マヨネーズ…60g
ケチャップ…20g／バルサミコ酢…10ml／エスプレッソ（液体）…25ml／ミント…適量

＜作り方＞

1　エビと枝豆はそれぞれ塩ゆでし、エビは尾と殻を取り、枝豆は皮からはずす。
2　ボウルにマヨネーズ、ケチャップ、バルサミコ酢を入れて混ぜ、エスプレッソ（液体）を入れてさらに混ぜる。
3　氷を敷いた器に1を盛り付けて2をかけ、ミントを飾る。

パルメザンチーズの
エスプレッソマリネ

Marinato al caffè di parmigiano reggiano

＜材料（作りやすい量）＞

パルミジャーノチーズ（ブロック）…200g／エスプレッソ（液体）…150ml
グラニュー糖…25g／バルサミコ酢…80ml／ルッコラ…適量／エスプレッソ（粉）…適量

＜作り方＞

1 パルミジャーノチーズは適当な大きさに切る。
2 エスプレッソ（液体）、グラニュー糖、バルサミコ酢を混ぜ合わせ、マリネ液を作る。
3 ボウルに1を入れて2を注ぎ、粗熱がとれたら冷蔵庫で3日間漬け込む。
4 3を薄くスライスして器に盛り、ルッコラを添えてエスプレッソ（粉）をかける。

ネッチ
エスプレッソを利かせて！

Necci al caffè

＜材料（2人分）＞
リコッタチーズ…60g／エスプレッソ（液体）…10ml／栗のクレープ★…2枚
生ハム…2枚／エスプレッソ（挽き豆）…適量／タイム…2枚

＜作り方＞
1　リコッタチーズにエスプレッソ（液体）を入れて混ぜる。
2　栗のクレープの上に生ハム、1の順にのせ、エスプレッソ（挽き豆）をふって巻く。
3　2を半分に切って器に盛り、エスプレッソ（挽き豆）をかけてタイムを飾る。

★栗のクレープ
＜材料（作りやすい量）＞
A［栗粉…50g／水…60ml／オリーブオイル…20ml］
油…適量

＜作り方＞
1　Aを混ぜ合わせ、冷蔵庫で一晩ねかせる。
2　熱したフライパンに薄く油を敷き、1を流して両面を焼く。

ジャガイモのフリッコ
エスプレッソ仕立て

Frico con patate al caffè

＜材料（1皿分）＞

じゃがいも…2個／玉ねぎ…1/2個／オリーブオイル…適量／フォンティーナチーズ…50g
パルミジャーノチーズ…30g／エスプレッソ（液体）…25ml／バター（食塩不使用）…10g
エスプレッソ（挽き豆）…適量／ローズマリー…2枝

＜作り方＞

1 じゃがいもは一口大に切り、玉ねぎは薄切りにする。
2 熱したフライパンにオリーブオイルを敷き、1を入れて炒める。
3 2をボウルに移し、小さく切ったフォンティーナチーズとパルミジャーノチーズ、エスプレッソ（液体）を入れ、チーズを溶かしながらよく混ぜる。
4 フライパンにバターを溶かし、3を入れてきつね色に焼く。
5 器に盛り付けてエスプレッソ（挽き豆）をかけ、ローズマリーを飾る。

ズッキーニとライスサラダの
カネロニ仕立て　デルソーレ風

Cannelloni di zucchine e riso allo stile “Del sole”

＜材料（2人分）＞

ズッキーニ…1本　白飯…50g

A［ツナ…25g／ハム…20g／玉ねぎ（細かく切る）…1/4個／いんげん（ゆでて細かく切る）…2本
にんじん（ゆでて細かく切る）…1/4本／モッツァレラチーズ（細かく切る）…50g
ブラックオリーブ（スライス）…5個分／ケッパー…10g］

B［白ワインビネガー…10ml／EXV.オリーブオイル…50ml
レモンの皮（すりおろし）…1/4個分／エスプレッソ（粉）…1g／塩、胡椒…各適量］

マヨネーズ…50g／エスプレッソ（液体）…25ml

キャビア（イミテーション）、セルフィーユ、レモンスライス…各適量

EXV.オリーブオイル（仕上げ用）…適量

＜作り方＞

1　ズッキーニは縦にスライスし、軽くゆがいて氷水で冷やし、水気をきる。

2　白飯を軽く水洗いしてボウルに入れ、AとBを入れてよく混ぜる。

3　マヨネーズにエスプレッソ（液体）を入れて混ぜる。

4　ラップの上に1を少し重ねながら4枚並べ、2をのせて巻く。

5　4をラップからはずして器に盛り、3とオリーブオイルをかけ、キャビア、セルフィーユ、レモンスライスを飾る。

ロディジャーノチーズのエスプレッソ和え

Formaggio lodigiano al caffè

＜材料（1人分）＞

ロディジャーノチーズ…30g／グラニュー糖…4g／エスプレッソ（粉）…2g

＜作り方＞

1　ロディジャーノチーズを薄く削り、ボウルに入れる。

2　グラニュー糖とエスプレッソ（粉）をまぶし、器に盛る。

スモークナッツ　エスプレッソ風味

Noci affumicate al sapore di caffè

＜材料（作りやすい量）＞

ミックスナッツ…180g／燻製材（サクラ）…50g／エスプレッソ（豆）…25g

＜作り方＞

1　フライパンに燻煙材とエスプレッソ豆を入れて金網をのせ、アルミ箔を敷き、ミックスナッツを広げる。

2　ボウルの内側をアルミ箔で覆い、1の上からかぶせてフタをする。

3　強火にかけて煙が出たら中火にし、30分ほど燻製にする。

エスプレッソとクルミのサラダ

Insalata di noci e caffè

＜材料（1人分）＞

レタス…1/5個／サニーレタス…1/6個／トマト…1/2個／水菜…1/4株

エスプレッソ（豆）…7粒／くるみ…20g

A［白ワインビネガー…10ml／EXV. オリーブオイル…30ml／塩、黒胡椒…各適量］

グラナパダーノチーズ…10g／ロディジャーノチーズ…80g／エスプレッソ（挽き豆）…適量

＜作り方＞

1　レタスとサニーレタスは一口大にちぎり、トマトは一口大に切り、水菜は4cm長さに切る。

2　エスプレッソ（豆）はへらをあてて叩いて砕き、くるみは包丁で刻む。

3　Aを混ぜ合わせてドレッシングを作る。

4　ボウルに1を入れ、3を加えてあえ、さらに2を加えて混ぜる。

5　器に4を盛ってグラナパダーノチーズをふり、削ったロディジャーノチーズをのせ、エスプレッソ（挽き豆）をかける。

お米のサラダ

Insalata di riso al caffè

＜材料（1人分）＞

白飯…100g

A［ロースハム…50g／にんじん（ゆでる）…1/4本／モッツァレラチーズ…1/2個
玉ねぎ…1/4個／いんげん（ゆでる）…3本／赤ピーマン…1/4個
ブラックオリーブ…5個／バジル…大3枚／ケッパー…30g］

ツナ…小1缶

B［白ワインビネガー…15ml／EXV. オリーブオイル…50ml／塩、胡椒…各適量］

エスプレッソ（挽き豆）…適量／エスプレッソ（液体）…25ml

アンディーブ…適量／グラナパダーノチーズ…10g

＜作り方＞

1　白飯はザルに入れて水洗いし、水気をきる。

2　Aはそれぞれ細かく切る。

3　ボウルに1、2、ツナを入れ、Bで味付けし、エスプレッソ（挽き豆）をふって合わせ、最後にエスプレッソ（液体）を入れて全体を合わせる。

4　アンディーブを敷いた器に3を盛り、グラナパダーノチーズをふる。

夏野菜のグリル　エスプレッソ煮卵添え
エスプレッソマヨネーズ

Verdura grigliata con uovo marinato al caffè con maionese al caffè

＜材料（1人分）＞

A［赤ピーマン…1/2個／黄ピーマン…1/2個／玉ねぎ…1/4個／なす…1/2本
　ズッキーニ…1/2本／グリーンアスパラガス…2本］

塩…適量／エスプレッソ（液体）…適量／ゆで卵…1個

B［エスプレッソ（液体）…25ml／マヨネーズ…100g］

＜作り方＞

1　Aの野菜はそれぞれ食べやすい大きさに切り、塩をしてグリルパンで焼く。

2　ボウルにエスプレッソ（液体）をはり、ゆで卵を入れて1時間以上漬け込む。

3　Bを混ぜ合わせてエスプレッソマヨネーズを作り、ディスペンサーに入れる。

4　器に1とスライスした2を盛り、全体に3をかける。

エスプレッソパンのサラダ
（パンツァネッラ）

Panzanella con insalata di pane al caffè

＜材料（1人分）＞

A［トマト…1個／きゅうり…1/2本／セロリ…1/2本／赤玉ねぎ…1/2個
ブラックオリーブ…5個／エスプレッソ チャバッタ（※1）…4切れ］

B［白ワインビネガー…20ml／アンチョビフィレ（刻む）…2枚
塩、黒胡椒…各適量／EXV. オリーブオイル…60ml］

エスプレッソ煮卵（※2）…1個

エスプレッソ（挽き豆）…適量

＜作り方＞

1　Aはそれぞれ食べやすい大きさに切る。

2　ボウルに1を入れ、Bを加えて味付けする。

3　器に2を盛って細切りにしたエスプレッソ煮卵をちらし、エスプレッソ（挽き豆）をかける。

（※1）148ページ「エスプレッソチャバッタのブルスケッタ」を参照

（※2）159ページ「夏野菜のグリル　エスプレッソ煮卵添え　エスプレッソマヨネーズ」を参照

バーニャカウダー

Bagna càuda al caffè

＜材料（1人分）＞

にんにく…100g ／牛乳…適量／水…適量／アンチョビフィレ…100g

EXV. オリーブオイル…100ml ／エスプレッソ（液体）…50ml

好みの野菜（赤•黄ピーマン、セロリ、ブロッコリー、カリフラワー、ズッキーニ、アンディーブ、じゃがいもなど）…各適量

＜作り方＞

1 鍋ににんにくを入れ、牛乳と水（同量ずつ）をひたひたに注いだもので3回ゆでこぼす。

2 1のにんにくとアンチョビをミキサーにかけてペースト状にする。

3 鍋に2とオリーブオイルを入れ、弱火で5分煮る。

4 3にエスプレッソ（液体）を加え、煮立ったら火を止める。

5 各野菜は食べやすく切り分けて器に盛る。

6 バーニャカウダーポットに4を入れ、5とともに提供する。

エスプレッソのカルボナーラ
バリスタ風

Spaghetti alla carbonara di caffè alla barista

＜材料（1人分）＞

スパゲッティ…90g／塩（ゆで汁用）…適量
A［卵（常温に戻す）…1個／40% 生クリーム…50ml／グラナパダーノチーズ…60g］
オリーブオイル… 10ml／パンチェッタ（またはベーコン）…60g／エスプレッソ（液体）…25ml
塩…適量／黒胡椒…適量／エスプレッソ（挽き豆）…適量

＜作り方＞

1 湯に塩を入れてスパゲッティをゆでる。
2 ボウルにAを入れて混ぜ合わせる。
3 フライパンにオリーブオイルと棒切りにしたパンチェッタを入れ、弱火でカリカリになるまで炒め、さらにエスプレッソ（液体）を入れて少し煮詰める。
4 3に水気をきった1と少々の茹で汁を入れて合わせ、さらに2を加えて手早く全体を合わせ、塩で味を調える。
5 器に盛り、黒胡椒とエスプレッソ（挽き豆）をかける。

白いカルボナーラ
ビアンコ デルソーレ

Spaghetti alla carbonara in bianco allo stile “Del sole”

＜材料（1人分）＞

牛乳…25ml ／40% 生クリーム…25ml ／エスプレッソ（豆）…5g
卵（常温に戻す）…1個／グラナパダーノチーズ…60g ／スパゲッティ…90g
塩（ゆで汁用）…適量／オリーブオイル…10ml ／パンチェッタ（またはベーコン）…60g
塩…適量／黒胡椒…適量／エスプレッソ（挽き豆）…適量

＜作り方＞

1 牛乳と生クリームを混ぜた中にエスプレッソ（豆）を入れ、ラップで落としぶたをして一日漬け込み、豆を取り出す。
2 ボウルに1、卵、グラナパダーノチーズを入れて混ぜる。
3 湯に塩を入れてスパゲッティをゆでる。
4 フライパンにオリーブオイルと棒切りにしたパンチェッタを入れ、弱火でカリカリになるまで炒める。
5 4に水気をきった3と少々の茹で汁を入れて合わせ、さらに2を加えて手早く全体を合わせ、塩で味を調える。
6 器に盛り、黒胡椒とエスプレッソ（挽き豆）をかける。

カッチョ エ ペペ・カフェ バリスタ風

Spaghetti cacio e pepe al caffè del barista

＜材料（1人分）＞

スパゲッティ…90g／塩（ゆで汁用）…適量／バター（食塩不使用）…50g
オリーブオイル…30ml／エスプレッソ（液体）…25ml／グラナパダーノチーズ…80g
塩、胡椒…各適量／生ハム…6枚／ロディジャーノチーズ…80g
黒胡椒…適量／エスプレッソ（挽き豆）…適量

＜作り方＞

1　湯に塩を入れてスパゲッティをゆでる。
2　フライパンを弱火にかけ、バター、オリーブオイル、エスプレッソ（液体）を入れて、混ぜながら乳化させる。
3　2に1を入れて合わせ、グラナパダーノチーズを加えて全体を合わせ、塩、胡椒で味を調える。
4　器に盛って生ハムと削ったロディジャーノチーズを順にのせ、黒胡椒とエスプレッソ（挽き豆）をかける。

エスプレッソのカッペリーニ

Capellini al caffè

＜材料（1人分）＞

カッペリーニ…60g／塩（ゆで汁用）…適量

A［バルサミコ酢…30ml／白ワインビネガー20ml／EXV. オリーブオイル…80ml］

トマト…1個／エスプレッソ（液体）…25ml／バジル…3枚

塩…適量／トマトのジェラート…60ml

＜作り方＞

1　湯に塩を入れてカッペリーニをゆで、氷水を張ったボウルに入れて一気に冷やす。

2　別のボウルにAと湯むきしてから角切りにしたトマトを入れ、氷水をあてながら混ぜて乳化させる。

3　2にエスプレッソ（液体）を加えて混ぜ、さらにバジルをちぎって加え、塩で味を調える。

4　3に水気をきった1を入れ、手早く合わせる。

5　器に盛り、トマトのジェラートをのせる。

トロフィエの白い
エスプレッソクリームソース

Trofie con crema di caffè bianco

＜材料（1人分）＞
トロフィエ★…80g／塩（ゆで汁用）…適量／牛乳…25ml／40% 生クリーム…25ml
エスプレッソ（豆）…5g／オリーブオイル…20ml／にんにく…1片
松の実…3g／くるみ…5g／塩…適量／エスプレッソ（挽き豆）…適量

＜作り方＞
1　牛乳と生クリームを混ぜた中にエスプレッソ（豆）を入れ、ラップで落としぶたをして一日漬け込み、豆を取り出す。
2　湯に塩を入れてトロフィエをゆでる。
3　フライパンにオリーブオイルとにんにくを入れて熱し、香りが出たらにんにくを取り出す。
4　3に1を入れ、松の実と刻んだくるみも加えて混ぜる。
5　乳化したら水気をきった2を入れ、全体を合わせ、塩で味を調える。
6　器に盛り、エスプレッソ（挽き豆）をかける。

★トロフィエ
＜材料（作りやすい量）＞
A［強力粉…100g／薄力粉…130g／EXV. オリーブオイル…20ml
　エスプレッソ（出し殻を乾燥させたもの）…30g／塩…3g］
卵…2個　打ち粉、デュラム・セモリナ粉…各適量

＜作り方＞
1　ボウルにAを入れて混ぜ合わせる。
2　1の中央に卵を入れ、粉に水分を吸わせるような感覚で、練らないように混ぜる。
3　打ち粉をした台の上に2をのせ、生地をころがしながらひとまとめにし、ラップをして室温で30分ねかせる。
4　生地をパスタマシンに数回かけて薄くのばし、包丁で2cm 幅の帯状に切り分ける。
5　手のひらを使って1枚ずつ生地をねじり、長さ4cm ほどに切り落としてデュラム・セモリナ粉をまぶす。

ボンゴレ ネロ

Bigoli alle vongole nere

＜材料（1人分）＞

手打ちスパゲッティ★…120g ／塩（ゆで汁用）…適量／オリーブオイル…50ml
にんにく…1片／鷹の爪…1本／アサリ（殻付き）…200g ／白ワイン…50ml
ミニトマト…8個／イタリアンパセリ（みじん切り）…適量／塩…適量

＜作り方＞

1　湯に塩を入れて、スパゲッティをゆでる。
2　フライパンにオリーブオイル、にんにく、鷹の爪を入れて熱し、香りが出たら鷹の爪を取り出す。
3　2にアサリを入れて白ワインを注ぎ、フタをして蒸す。
4　アサリの殻が開いたらフタをはずし、ミニトマトをつぶして加え、煮詰める。
5　水気をきった1とイタリアンパセリを入れて全体を合わせ、塩で味を調え、器に盛る。

★手打ちスパゲッティ

＜材料（作りやすい量）＞

A［デュラム・セモリナ粉…100g ／塩…5g ／エスプレッソ（出し殻を乾燥させたもの）…10g］
湯（60℃）…約50ml
打ち粉、デュラム・セモリナ粉…各適量

＜作り方＞

1　ボウルにAを入れ、湯を調節しながら加えてこねる。
2　生地がまとまってきたら打ち粉をした台にのせ、手でこねてひとまとめにする。
3　ラップをかけて室温で30分ほどねかせる。
4　生地をパスタマシンに数回かけて薄くのばし、1.5mm幅に切り出してデュラム・セモリナ粉をまぶす。

エスプレッソのタリオリーニ（モンゴウイカとアサリのソース和え）

Tagliolini al caffè in salsa di seppie e vongole

＜材料（1人分）＞

タリオリーニ★…90g／塩（ゆで汁用）…適量／オリーブオイル…50ml
にんにく…1片／鷹の爪…1本／アンチョビフィレ…1枚／モンゴウイカ…100g
アサリ（殻付き）…80g／イタリアンパセリ（みじん切り）…適量／白ワイン…50ml
エスプレッソ（液体）…25ml／塩…適量／エスプレッソ（挽き豆）…適量

＜作り方＞

1　湯に塩を入れてタリオリーニをゆでる。
2　フライパンにオリーブオイル、スライスしたにんにく、鷹の爪を入れて熱し、香りが出たら、アンチョビ、一口大に切ったモンゴウイカ、アサリ、イタリアンパセリを入れて白ワインを注ぎ、フタをして蒸す。
3　アサリの殻が開いたらフタをはずし、エスプレッソ（液体）を加えて煮詰める。
4　水気をきった1を入れて全体を合わせ、塩で味を調え、器に盛ってエスプレッソ（挽き豆）をかける。

★タリオリーニ

＜材料（作りやすい量）＞

A［強力粉…100g／薄力粉…150g／EXV.オリーブオイル…20ml／塩…5g
エスプレッソ（出し殻を乾燥させたもの）…20g／卵黄…10個分］
打ち粉、デュラム・セモリナ粉…各適量

＜作り方＞

1　ボウルにAを入れ、練らないように混ぜ合わせる。
2　生地がまとまってきたら打ち粉をした台にのせ、ひとまとめにする。
3　ラップをかけて室温で30分ほどねかせる。
4　生地をパスタマシンに数回かけて薄くのばし、5～6cm幅に折りたたんだ後、包丁で2～3mm幅に切り分けてデュラム・セモリナ粉をまぶす。

ペンネ クワトロフロマッジュ
エスプレッソの香り

Penne ai quattro formaggi al profumo di caffè

＜材料（1人分）＞

ペンネ…80g／塩（ゆで汁用）…適量

A［ゴルゴンゾーラチーズ…30g／タレッジオチーズ…30g／マスカルポーネチーズ…30g

40%生クリーム…60ml／バター（食塩不使用）…30g／オレガノ（乾燥）…1g］

エスプレッソ（液体）…25ml／グラナパダーノチーズ…50g／塩…適量

エスプレッソ（挽き豆）…適量

＜作り方＞

1　湯に塩を入れてペンネをゆでる。

2　フライパンにAを入れて弱火にかけ、混ぜながら煮詰める。

3　なめらかなクリーム状になったら火を止め、エスプレッソ（液体）を加えて混ぜる。

4　3に水気をきった1を入れて再び火にかけ、全体を合わせる。

5　グラナパダーノチーズを加えて混ぜ、塩で味を調える。

6　器に盛り、エスプレッソ（挽き豆）をかける。

エスプレッソ　ラザーニア

Lasagna al caffè

＜材料（8人分）＞
ラザーニア（20cm×30cmの板状パスタ）…4枚
塩（ゆで汁用）…適量
ベシャメルソース★1…2kg
エスプレッソ（液体）…250ml
ボロネーゼ★2…1kg
モッツァレラチーズ…300g
パルミジャーノチーズ…100g
エスプレッソ（挽き豆）…適量

＜作り方＞
1　湯に塩を入れてラザーニアを茹で、氷水を張ったボウルに入れて冷まし、布巾などの上にのせて水気をとる。
2　ベシャメルソースにエスプレッソ（液体）を入れて混ぜ合わせる。
3　深めのバット（または耐熱容器）に2を少量入れて隅々までのばし、1を1枚のせる。
4　再び2とボロネーゼをのせてのばし、1を1枚のせる。
5　4の工程をもう2回くり返し、最後に2をのせてのばし、棒切りにしたモッツァレラチーズをちらしてパルミジャーノチーズをふる。
6　250℃のオーブンで10分ほど焼く。
7　器に1人分ずつ取り分け、エスプレッソ（挽き豆）をかける。

★1　ベシャメルソース
＜材料（作りやすい量）＞
バター（食塩不使用）…400g／薄力粉…400g
牛乳…1000ml／40%生クリーム…500ml
塩…適量

＜作り方＞
1　フライパンにバターを溶かし、薄力粉を入れて色を付けないよう炒める。
2　牛乳と生クリームを加え、混ぜながら沸かす。
3　塩で味を調える。

★2　ボロネーゼ
＜材料（作りやすい量）＞
牛挽き肉…2kg／塩、胡椒…各適量
オリーブオイル…適量／赤ワイン…500ml
玉ねぎ…4個／にんじん…3本
セロリ…3本／ホールトマト（水煮）…小1缶
ローリエ…4枚／ブロード…1000ml

＜作り方＞
1　牛挽き肉はかたまりのまま、塩、胡椒をする。
2　フライパンにオリーブオイルを熱し、1を入れて炒め、赤ワインを注いでフランベする。
3　玉ねぎ、にんじん、セロリはみじん切りにし、オリーブオイルを熱したフライパンに入れ、弱火で1時間ほど炒める。
4　鍋に2と3を入れて合わせ、ホールトマト、ローリエ、ブロードを入れて1時間半ほど煮込み、塩、胡椒で味を調える。

トルテッリ
エスプレッソ風味の牛挽き肉包み

Tortelli di manzo al caffè

<材料（1人分）>

●詰め物［牛挽き肉…200g／玉ねぎ（みじん切り）…1個分／オリーブオイル…50ml
ナツメグ…少々／グラナパダーノチーズ…60g／エスプレッソ（粉）…7g／塩、胡椒…各適量］

パスタ生地★…5〜6cm四方22枚／デュラム・セモリナ粉…適量／塩（ゆで汁用）…適量
バター（食塩不使用）…60g／エスプレッソ（液体）…25ml／パルミジャーノチーズ…50g

<作り方>

1 詰め物を作る。フライパンにオリーブオイルを入れて熱し、牛挽き肉と玉ねぎを炒め、ナツメグをふる。
2 グラナパダーノチーズとエスプレッソ（粉）を加えて混ぜ、塩、胡椒で味を調え、バットに移して冷ます。
3 パスタ生地を5〜6cm四方の正方形に切り分ける。
4 3の中央に2をのせ、三角形に折ってまわりを閉じ、くるりと巻いて両端をつけて成形し、デュラム・セモリナ粉をまぶす。
5 湯に塩を入れて4をゆでる。
6 フライパンにバターを入れて弱火で溶かし、エスプレッソ（液体）を加えて混ぜ、水気をきった5を入れて合わせる。
7 器に盛り、パルミジャーノチーズをかける。

★パスタ生地

<材料（作りやすい量）>

A［強力粉…100g／薄力粉…150g／卵…2個／塩…5g
EXV.オリーブオイル…10ml／エスプレッソ（出し殻を乾燥させたもの）…20g
打ち粉…適量

<作り方>

1 ボウルにAを入れ、練らないように混ぜ合わせる。
2 生地がまとまってきたら打ち粉をした台にのせ、ひとまとめにする。
3 ラップをかけて室温で30分ほどねかせる。
4 生地をパスタマシンに数回かけて薄くのばす。

カネロニ

Cannelloni al caffè

＜材料（1人分）＞

A［玉ねぎ…1/2個／にんじん…1/4本／セロリ…1/2本／マッシュルーム…5個］
バター（食塩不使用）…60g／鶏挽き肉…200g／白ワイン…50ml
塩、胡椒…各適量／ベシャメルソース…100g　※170ページ「エスプレッソ　ラザーニア」を参照
エスプレッソ（液体）…25ml／クレープ生地…2枚／パルミジャーノチーズ…30g

＜作り方＞

1　Aをみじん切りにする。
2　フライパンにバターを溶かし、鶏挽き肉と1を炒め、白ワインを注いでフランベし、塩、胡椒で味を調えて冷ましておく。
3　ボウルにベシャメルソースを入れ、エスプレッソ（液体）を加えて混ぜる。
4　クレープ生地を広げて2をのせ、手前から巻いて包み込む。
5　天板に3を少量のばして4をのせ、上から3をかける。
6　パルミジャーノチーズをかけ、250℃のオーブンで10分焼く。

ハム入りニョッキ ローマ風

Gnocchi alla romana al caffè

＜材料（1皿分）＞

●ハム入りニョッキ

A［デュラム・セモリナ粉…100g／バター（食塩不使用）…20g／牛乳…200ml
水…200ml／塩…適量］

ボンレスハム…50g

●ザバイオーネソース

卵黄…2個分／白ワイン…50ml／マルサラ酒…10ml／EXV. オリーブオイル…10ml

エスプレッソ（液体）…25ml／塩、胡椒…各適量

エスプレッソ（挽き豆）…適量

＜作り方＞

1　ハム入りニョッキを作る。鍋にAを入れて火にかけ、混ぜながら火を通し、なめらかな状態にする。

2　1に細かく切ったハムを入れて混ぜ、バットに移して平らにのばし、冷蔵庫で冷やす。

3　ザバイオーネソースを作る。ボウルにすべての材料を入れ、湯煎にかけながら泡立て器で混ぜる。

4　2を直径5cmの丸型で抜き、200℃のオーブンで焼き目を付ける。

5　器に4を並べ、3とエスプレッソ（挽き豆）をかける。

エスプレッソのリゾット
ロディジャーノチーズのせ

Risotto al caffè con formaggio lodigiano

<材料（1人分）>

リゾット米★…100g／小エビ…5尾／ズッキーニ…1/3本／エスプレッソ（液体）…25ml

バター（食塩不使用）…50g／グラナパダーノチーズ…60g／塩、胡椒…各適量

ロディジャーノチーズ…60g／エスプレッソ（挽き豆）…適量

<作り方>

1　鍋にリゾット米、小エビ、薄切りにしたズッキーニを入れて強火にかけ、米の水分を飛ばすように煮る。

2　水分が飛んだタイミングで弱火にし、エスプレッソ（液体）を加え、フライパンの中で混ぜる。

3　バターとグラナパダーノチーズを順に加えて手早く混ぜ、塩、胡椒で味を調える。

4　器に盛り、削ったロディジャーノチーズをのせて、エスプレッソ（挽き豆）をかける。

★リゾット米

<材料（作りやすい量）>

玉ねぎ（みじん切り）…1/4個分／オリーブオイル…60ml／米…180g

白ワイン…40ml／ブロード…適量／ローリエ…1枚／塩…適量

<作り方>

1　鍋にオリーブオイルを熱し、玉ねぎを入れて炒める。

2　玉ねぎがしんなりしたら米を洗わずに入れ、透き通るまで炒める。

3　白ワインを加えてアルコール分を飛ばし、さらにブロードをひたるぐらいまで注いでローリエを入れ、水分が飛ぶまで煮て、塩で味を調える。

4　バットに移し、冷ましておく。

ピッツァ カルボナーラ
バリスタスタイル

Pizza carbonara del barista

＜材料（1人分）＞

ピッツァ生地★…180g　※145ページ「アンジェロッティ」を参照
ベーコン…60g／モッツァレラチーズ…80g／グラナパダーノチーズ…20g
A［40%生クリーム…50ml／卵…1個／グラナパダーノチーズ…30g］
エスプレッソ（液体）…20ml／エスプレッソ（挽き豆）…適量

＜作り方＞

1　ピッツァ生地を直径30cmの円形にのばし、棒切りにしたベーコンとモッツァレラチーズをのせ、グラナパダーノチーズをふる。
2　ボウルにAを入れて混ぜ、さらにエスプレッソ（液体）を加えて混ぜる。
3　1に2をかけ、ピザ窯または250℃のオーブンで3分焼く。
4　器に盛り、エスプレッソ（挽き豆）をかける。

エスプレッソ ピッツァ
ドルチェ ヴィータ

Pizza al caffè “Dolce vita”

＜材料（1人分）＞

エスプレッソ（液体）…25ml／グラニュー糖…8g

ピッツァ生地…180g　※145ページ「アンジェロッティ」を参照

マスカルポーネチーズ…80g／粉糖…50g／エスプレッソ（挽き豆）…適量

＜作り方＞

1　エスプレッソ（液体）にグラニュー糖を入れて混ぜる。

2　ピッツァ生地を直径30cmの円形にのばし、ハケで1を塗る。

3　ピザ窯または250℃のオーブンに入れ、1分ほど焼く。

4　再度ハケで1を塗って全体に粉糖をふり、再び表面を焼いてキャラメリゼする。

5　4をさらに2回くり返し、表面がパリパリになるよう焼き上げる。

6　器に盛って6等分に切り分け、マスカルポーネチーズをのせて粉糖をふり、エスプレッソ（挽き豆）をかける。

ホタテのグリル
エスプレッソソース仕立て

Capesante alla griglia con salsa al caffè

＜材料（1人分）＞

ホタテ貝柱…8個／塩、胡椒…各適量／長ねぎ（青い部分）…2本分

A［ホタテのヒモ…30g／エスプレッソ（液体）…25ml／バルサミコ酢…20ml／グラニュー糖…5g］

＜作り方＞

1　ホタテ貝柱と長ねぎの青い部分に塩、胡椒をふり、それぞれをグリルパンで焼く。

2　フライパンにAを入れて火にかけ、濃度が出るまで煮詰めて、塩、胡椒で味を調える。

3　器に1を盛り、2をかける。

手長エビのグリル
バジルエスプレッソソース

Scampi alla griglia con pesto alla genovese con aroma di caffè

＜材料（1人分）＞

手長エビ…2尾／塩、胡椒…各適量

●バジルエスプレッソソース

A［バジル…50g／松の実…50g／にんにく…1/4片／パルミジャーノチーズ…30g
EXV. オリーブオイル…100ml／塩…適量］

マヨネーズ…150g　エスプレッソ（液体）…25ml

ミニトマト…4個／ドライタイム…適量

＜作り方＞

1　手長エビは縦半分に切り開いて掃除し、塩、胡椒をふってグリルパンで焼く。

2　バジルエスプレッソソースを作る。Aをフードプロセッサーに入れて撹拌し、ボウルに移して、マヨネーズとエスプレッソ（液体）を加えて混ぜる。

3　器に1を盛って2をかけ、4等分に切ったミニトマトをちらし、ドライタイムを飾る。

鮮魚のグリル
エスプレッソ塩添え

Pesce alla griglia con sale al caffè

＜材料（1人分）＞

白身魚（ヒラメなど）…1切れ（200g）／グリーンアスパラガス…4本
ミニトマト…8個／塩、胡椒…各適量
A［エスプレッソ（粉）…10g／塩…8g］

＜作り方＞

1　白身魚とグリーンアスパラガス、ミニトマトにそれぞれ塩、胡椒をふり、グリルパンで焼く。
2　Aを混ぜ合わせてエスプレッソ塩を作る。
3　器に1を盛り、2を添える。

鶏のグリル　エンジェル風

Pollo alla griglia all'angelo di caffè

＜材料（1人分）＞

鶏モモ肉…1枚（約250g）／塩、胡椒…各適量

野菜（赤ピーマン、黄ピーマン、ズッキーニ、玉ねぎ、なすなど）…各適量

オリーブオイル…適量／エスプレッソ（挽き豆）…適量

カットレモン…1切れ／ローズマリー…適量

＜作り方＞

1　鶏モモ肉に塩、胡椒をふり、皮目を上にして熱したグリルパンにのせ、重石をのせて焼く。

2　焼き目が付いたら裏返し、再び重石をのせて焼き上げる。

3　野菜は食べやすい大きさに切ってオリーブオイルでソテーし、塩、胡椒をふる。

4　器に3を敷いて2を盛り、エスプレッソ（挽き豆）をかけ、カットレモンを添えてローズマリーを飾る。

コトレッタ　バリスタ風

Cotoletta del barista

＜材料（1人分）＞

豚肩ロース肉（生姜焼き用）…3枚／塩、胡椒…各適量

A［パン粉…100g／パルミジャーノチーズ…10g／エスプレッソ（粉）…7g］

B［溶き卵…1個分／エスプレッソ（液体）…10ml］

バター（食塩不使用）…適量／オリーブオイル…適量／エスプレッソ（挽き豆）…適量

付け合わせ用サラダ（ルッコラなどの野菜、EXV.オリーブオイル、塩、パルミジャーノチーズ）…各適量

＜作り方＞

1　豚肩ロース肉は少しずつ重ねながら広げて、塩、胡椒をふる。

2　バットにAを入れて混ぜる。

3　ボウルにBを入れて混ぜる。

4　1を2に入れ、豚肉の両面に薄くパン粉をまぶす。

5　続いて3に入れて全体に卵液をからめ、再び2のバットに入れて、手のひらで押さえながらパン粉を均一にまぶす。

6　包丁の背を使って、格子状に切れ目を入れる。

7　フライパンに同割のオリーブオイルとバターを入れて熱し、両面がカリッとするまで揚げ焼きにする。

8　器に盛ってエスプレッソ（挽き豆）をかけ、付け合わせ用サラダを添える。

豚のグリル
バルサミコ エスプレッソソース

Maiale alla griglia con salsa balsamica e caffè

＜材料（1人分）＞

豚骨付き肩ロース肉…200g／塩、胡椒…各適量／バルサミコ酢…30ml
エスプレッソ（液体）…25ml／グラニュー糖…10g／バター（食塩不使用）…20g
付け合わせ（じゃがいものロースト）…適量／ローズマリー…2枚

＜作り方＞

1　豚肩ロース肉に塩、胡椒をふり、熱したグリルパンで両面を焼く。

2　フライパンにバルサミコ酢とエスプレッソ（液体）、グラニュー糖を入れて火にかけ、温まったらバターを加え、濃度が出るまで煮詰める。

3　1を切り分けて器に盛り、2をかけ、付け合わせを添えてローズマリーを飾る。

エスプレッソ
照り焼きチキン

Pollo Teriyaki al caffè

＜材料（1人分）＞

鶏モモ肉…1枚（約250g）／塩、胡椒…各適量／オリーブオイル…適量
みりん…30ml／バルサミコ酢…30ml／グラニュー糖…50g
エスプレッソ（液体）…25ml／エスプレッソ（挽き豆）…適量
付け合わせ用サラダ（レタス、サニーレタス、水菜など、塩、白ワインビネガー、パルミジャーノチーズ）…各適量

＜作り方＞

1 鶏モモ肉の両面に塩、胡椒をふる。
2 フライパンにオリーブオイルを入れて熱し、1を入れて両面をソテーする。
3 焼き色が付いたら、みりん、バルサミコ酢、グラニュー糖を入れて煮詰める。
4 濃度が出てきたらエスプレッソ（液体）を加え、鶏肉を返しながら煮からめる。
5 食べやすく切り分けて器に盛り、エスプレッソ（挽き豆）をかけ、付け合わせ用サラダを添える。

サルティンボッカ

Saltimbocca con salsa al caffè

＜材料（1人分）＞

豚薄切り肉…4枚／塩、胡椒…各適量／セージ…8枚／生ハム…8枚／薄力粉…適量
オリーブオイル…適量／マッシュルーム…3個／白ワイン…30ml
エスプレッソ（液体）…25ml／バター（食塩不使用）…30g／セージ（飾り用）…適量

＜作り方＞

1　豚薄切り肉に塩、胡椒をふり、肉1枚につきセージを2枚のせ、生ハムを2枚かぶせる。
2　1の両面に薄力粉をまぶし、余分な粉をはたく。
3　フライパンにオリーブオイルを入れて熱し、1を生ハムの面から焼き、色が付いたら裏返し、スライスしたマッシュルームも加えて焼く。
4　白ワインを注ぎ、アルコール分が飛んだらエスプレッソ（液体）とバターを加えて煮詰める。
5　肉を取り出して器に盛り、残りのソースは煮詰めて塩、胡椒で味を調えてかけ、セージを飾る。

牛フィレ肉のピエモンテ風
エスプレッソ添え

Filetto di bue alla piemontese con salsa al caffè

＜材料（1人分）＞

牛フィレ肉…150g／塩、胡椒…各適量

●ソース

オリーブオイル…適量／にんにく（みじん切り）…1片分
A［しめじ…1/2パック／エリンギ…1本／椎茸…1個／ポルチーニ茸…1個］
白ワイン…30ml／バルサミコ酢…30ml／エスプレッソ（液体）…25ml
バター（食塩不使用）…30g／トマトソース…50ml／ローズマリー…適量
塩、胡椒…各適量／エスプレッソ（挽き豆）…適量

＜作り方＞

1　牛フィレ肉に塩、胡椒をふり、熱したグリルパンで両面を焼く。
2　ソースを作る。フライパンにオリーブオイルとにんにくを入れて熱し、食べやすい大きさに切ったAを入れて炒め、白ワインを加えてアルコール分を飛ばす。
3　火を止めてバルサミコ酢、エスプレッソ（液体）、バターを入れ、再び火にかけて全体を混ぜる。
4　さらにトマトソースを加えて全体にからめ、塩、胡椒で味を調える。
5　器に1を盛って4とエスプレッソ（挽き豆）をかけ、ローズマリーを飾る。

子羊のロースト
エスプレッソソース

Arrosto d'agnello con salsa al caffè

＜材料（1人分）＞

ラムチョップ…4本／塩、胡椒…各適量／オリーブオイル…適量

●エスプレッソソース

エスプレッソマリネ液…75ml

※152ページ「パルメザンチーズのエスプレッソマリネ」のマリネ液を使用

塩…適量／バター（食塩不使用）…20g／エスプレッソ（挽き豆）…適量

付け合わせ用サラダ（ルッコラ）…適量

＜作り方＞

1　ラムチョップに塩、胡椒をふる。

2　フライパンにオリーブオイルを入れて熱し、1を入れて両面に焼き色を付けた後、250℃のオーブンで10分焼く。

3　エスプレッソソースを作る。フライパンにエスプレッソマリネ液を入れて火にかけ、混ぜながら半量ぐらいになるまで煮詰める。

4　塩で味を調え、バターを加えてとろみが出るまで煮詰める。

5　器に2を盛って4をかけ、エスプレッソ（挽き豆）をかけてルッコラを添える。

サルシッチャ（ソーセージ）の
エスプレッソ粒マスタード添え

Salsiccia con senape in grani al caffè

＜材料（1人分）＞

サルシッチャ（ソーセージ）…2本／粒マスタード…15g／エスプレッソ（粉）…2g
エスプレッソ（液体）…10ml／ローズマリー…適量

＜作り方＞

1　サルシッチャは熱したグリルパンで焼く。

2　ボウルに粒マスタードとエスプレッソ（粉）を入れ、エスプレッソ（液体）を少しずつ加えながらよく混ぜる。

3　1を半分に切って器に盛り、2を添えてローズマリーを飾る。

子羊のローズマリー風味の
パイ包み焼き　ジャガイモのロースト添え

Abbacchio in sfogliata al profumo di rosmarino con arrosto di patate

＜材料（1人分）＞

ラムロース肉…100g／塩、胡椒…各適量／オリーブオイル…適量

「牛フィレ肉のピエモンテ風　エスプレッソ添え」のソース…50g　※185ページを参照

パイ生地…50g／ローズマリー…適量／卵黄（塗り卵用）…適量

付け合わせ（じゃがいものロースト・ローズマリー）…各適量

＜作り方＞

1　ラム肉は塩、胡椒をふる。

2　フライパンにオリーブオイル入れて熱し、1を入れて表面に焼き色を付けた後、250℃のオーブンで10分ほど焼く。

3　「牛フィレ肉のピエモンテ風　エスプレッソ添え」のソースをロボクープにかけ、食感が残る程度まで砕く。

4　パイ生地を15cm×20cmの長方形にのばし、中央に2をのせ、その両脇に3を盛り、上にローズマリーをのせてパイ生地で包み込む。

5　ハケで卵黄を塗り、250℃のオーブンで15分ほど焼く。

6　5を半分に切って器に盛り、じゃがいものローストを添え、ローズマリーを飾る。

スペアリブ　イタリア風

Costina di maiale marinata al caffè all'italiana

＜材料（1人分）＞

スペアリブ…3本

A［醤油…50ml ／エスプレッソ（液体）…50ml ／にんにく（みじん切り）…1片分
はちみつ…30ml ／酒…30ml ／ローズマリー…適量］

エスプレッソ（挽き豆）…適量／ローズマリー、セージ（飾り用）…各適量

＜作り方＞

1　ボウルにスペアリブを入れる。

2　Aを混ぜ合わせてマリネ液を作り、1に注いで30分ほど漬け込む。

3　250℃のオーブンで30分焼く。

4　器に3を盛ってエスプレッソ（挽き豆）をかけ、ローズマリーとセージを飾る。

チキン南蛮
デルソーレ スタイル

Pollo Nanban allo stile “Del sole”

＜材料（1人分）＞

●チキン南蛮

鶏モモ肉…1枚（250g）／塩、胡椒…各適量／片栗粉…適量／揚げ油…適量

A［醤油…50ml／酢…50ml／砂糖…30g］

●エスプレッソのタルタルソース

ゆで卵…1個／マヨネーズ…50ml／エスプレッソ（液体）…25ml／塩、胡椒…各適量

パセリ…適量

＜作り方＞

1　鶏肉に塩、胡椒をふり、片栗粉をまぶす。
2　鍋にAを入れて火にかけ、砂糖を溶かす。
3　1を中温の油で揚げて2に入れ、10分ほど漬け込む。
4　エスプレッソのタルタルソースを作る。ゆで卵を細切りにしてボウルに入れ、マヨネーズとエスプレッソ（液体）を加えて混ぜ合わせ、塩、胡椒で味を調える。
5　器に3を盛って4をかけ、パセリを飾る。

パチューゴ

Paciugo

＜材料（6人分）＞

●チョコレートメレンゲ

卵白…96g／グラニュー糖…70g／トレハロース…30g／粉糖…97g
ココアパウダー…30g／ダークチョコレート…適量

●セミフレッド

卵黄…135g／はちみつ…65g／水あめ…45g／グラニュー糖…40g／水…10g
35%生クリーム…400g／バニラビーンズ…1/5本／アマレーナチェリー（刻む）…85g

●メレンゲ

卵白…適量／グラニュー糖…卵白と同量

●盛り付け

アマレーナチェリー…12個／アマレッティ（砕いたもの）…60g／エスプレッソ（液体）…25ml

＜作り方＞

1 チョコレートメレンゲを作る。卵白、グラニュー糖、トレハロースを合わせ、湯煎で50℃に温め、ミキサーで8分立てにする。
2 粉糖とココアパウダーをふるい合わせ、1に加えてさっくり混ぜる。
3 細目の丸口金を付けた絞り袋に2を入れ、天板に渦巻き状に丸く絞る。
4 90℃のオーブンに入れ、90～120分乾燥焼きにする。
5 粗熱をとり、裏面に溶かしたチョコレートをハケで塗る。
6 セミフレッドを作る。卵黄、はちみつ、水あめ、グラニュー糖、水をボウルに入れ、軽く泡立ててから、湯煎にかけながらもったりとするまで泡立てる。
7 生クリームにバニラビーンズ（種の部分）を加え、8分立てにする。
8 6、7、アマレーナチェリーをさっくりと合わせる。
9 直径6cmセルクルの底に5を敷き、8をすり切りまで流し、冷凍庫で冷やし固める。
10 メレンゲを作る。卵白とグラニュー糖を合わせて泡立てる（好みでアマレットやバニラを少量加えてもよい）。
11 9が固まったらセルクルからはずし、上部にメレンゲを5g絞ってバーナーで軽く炙る。アマレーナチェリーとアマレッティを飾り、ユスプレッソ（液体）をかける。

カフェ ビアンコ（白い珈琲のパンナコッタ）

Panna cotta al caffè bianco

＜材料（作りやすい量）＞

35% 生クリーム…1000ml ／グラニュー糖…100g

エスプレッソ（豆）…20g ／ゼラチン…4g ／エスプレッソ（粉）…適量／ミント…適量

＜作り方＞

1　生クリームにエスプレッソ豆を入れて表面にラップをかけ、一昼夜漬け込む。

2　1とグラニュー糖を鍋に入れて中火にかけ、ゆっくり沸騰させて、火からおろす。

3　2に水でふやかしたゼラチンを加え、氷水をあてながら混ぜる。

4　3を漉して器に流し、冷蔵庫で冷やし固める。

5　スプーンですくって器に盛り、エスプレッソ（粉）をかけてミントを飾る。

フルッタ ディ グラティネ（フルーツグラタン）

Frutta gratinata al caffè

＜材料（1皿分）＞

フルーツ（バナナ、いちご、オレンジ、グレープフルーツなど）…適量

●エスプレッソカスタードクリーム

牛乳…800ml ／バニラビーンズ…1/2本／卵黄…100g ／グラニュー糖…180g

薄力粉…150g ／エスプレッソ（液体）…50ml

粉糖…適量／エスプレッソ（粉）…適量

＜作り方＞

1 フルーツはそれぞれ同じ大きさに切る。

2 エスプレッソカスタードクリームを作る。牛乳にバニラビーンズの種を入れて沸かす。

3 ボウルに卵黄とグラニュー糖を入れて混ぜ、ふるった薄力粉を入れて混ぜ、2を数回に分けて加えながら混ぜる。

4 3を鍋に移し、かき混ぜながらしっかり炊く。

5 バットに移して上からラップをかけ、粗熱がとれたら冷蔵庫で冷やす。

6 5にエスプレッソ（液体）を加えて混ぜる。

7 耐熱器に1を入れて6をかけ、上から粉糖をふって250℃のオーブンで焼き色を付ける。

8 オーブンから取り出し、再度、表面に粉糖をふってバーナーで焼き色を付け、エスプレッソ（粉）をかける。

アフォガート

Affogato

＜材料（1人分）＞

ミルクジェラート…80g ／アーモンドプラリネ…適量／エスプレッソ（液体）…25ml

＜作り方＞

1　グラスにディッシャーでミルクジェラートを盛り、砕いたアーモンドプラリネをのせる。

2　クリーマーにエスプレッソ（液体）を抽出し、1にかける。

ボネ（チョコレート・エスプレッソプリン）

Bonet di caffè

＜材料（2人分）＞

●ボネの生地

クーベルチュールチョコレート…10g／牛乳…80g／35%生クリーム…80g
ココアパウダー…16g／卵…2個／グラニュー糖…50g／エスプレッソ（液体）…70g
アマレッティ…20g

●カラメル

グラニュー糖…56g／水…28g

●トッピング

35%生クリーム、エスプレッソ（豆）、アマレッティ…各適量

＜作り方＞

1 クーベルチュールチョコレートを細かく刻んでボウルに入れ、湯煎にかけて溶かす。
2 別のボウルに牛乳と生クリームを合わせて湯煎にかけ、混ぜながら温める。
3 別のボウルに卵とグラニュー糖を入れてすり混ぜ、2の半量をゆっくり加えながら混ぜる。
4 2の残りの半量を1に加えて混ぜ、ココアパウダーも加えて混ぜる。
5 3と4を混ぜ合わせて漉す。
6 アマレッティを手で砕き、5に加えて混ぜる。
7 6にエスプレッソ（液体）を加えて混ぜる。
8 カラメルの材料を鍋に入れて加熱し、耐熱カップの底に敷き、7を流し入れる。
9 8をバットに並べ、器の半分ぐらいの高さまで水をはり、150℃のオーブンで20分、場所を入れ替えてさらに15分焼く。
10 粗熱を取ってから冷蔵庫で冷やし、提供時に8分立ての生クリームを絞り、エスプレッソ（豆）とアマレッティを飾る。

ジェラート コロッケ エスプレッソソース

Crocchetta di gelato in salsa al caffè

＜材料（2人分）＞

●エスプレッソ寒天

棒寒天…4g／エスプレッソ（液体）…75ml／グラニュー糖…60g

ミルクジェラート…90g×2

ローストナッツ（アーモンド、ヘーゼルナッツ、カシューナッツ）…各60g

●エスプレッソソース

エスプレッソ（液体）…50ml／グラニュー糖…40g

●トッピング

ローストナッツ、エスプレッソ（粉）、ミント…各適量

＜作り方＞

1 エスプレッソ寒天を作る。棒寒天をやわらかくなるまで水で戻し、手でちぎって鍋に入れ、エスプレッソ（液体）とグラニュー糖を入れて弱火で温める。

2 寒天が溶けたら型に流して冷蔵庫で冷し、型からはずして棒状に切る。

3 ミルクジェラートをラップの上に置いて中央をくぼませ、2を1本のせてジェラートで包み込み、俵型に整える。

4 ローストナッツを刻んでバットに敷き詰め、3を入れて表面全体に貼り付ける。

5 エスプレッソソースの材料を鍋に入れて火にかけ、濃度が出るまで煮詰める。

6 器に4を盛ってまわりに5をかけ、ローストナッツとエスプレッソ（粉）をかけ、ミントを飾る。

カンノーロ エスプレッソプラリネ

Cannolo croccante al caffè

<材料（50本分）>

●生地

A「薄力粉…500g／グラニュー糖…60g／ココアパウダー…6g／エスプレッソ（粉）…10g
シナモンパウダー…3g／白ワインビネガー…50ml／白ワイン…100ml
ラード…50g／エスプレッソ（液体）…100ml]

打ち粉…適量／溶き卵…1個分／揚げ油…適量／チョコレートアイシング…適量

●クリーム

リコッタチーズ…100g／40%生クリーム…50ml／グラニュー糖…50g

プラリネ★…50g／ミント…適量

★プラリネ

皮付きアーモンド…200g／グラニュー糖…200g／エスプレッソ（豆）…7g

1　鍋にすべての材料を入れ、火にかけて炒る。
2　フードプロセッサーにかけて細かく砕く。

<作り方>

●生地

1　ボウルにAの材料を入れ、手でこねて練り合わせる。
2　1をひとまとめにし、ラップに包んで室温で15分休ませる。
3　1個7gに分割して小さく丸め、打ち粉をして直径10cmの円形にのばす。
4　3をカンノーリ型に巻き付け、巻き終わりに溶き卵を付けて留める。
5　180℃の油に入れてきつね色に揚げる。
6　型から生地を抜いて冷まし、内側にチョコレートアイシングを付けてコーティングする。

●クリーム

1　ボウルにリコッタチーズ、生クリーム、グラニュー糖を入れ、8分立てにする。

●仕上げ

1　生地にクリームを詰め、両端にプラリネを付ける。
2　器に盛り、ミントを飾る。

プロフィットロール

Profiteroles con crema di caffè

＜材料（2人分）＞

●シュー生地

水…400ml／牛乳…100ml／バター（食塩不使用）…200g／塩…8g／薄力粉…300g／卵…9個

●クリーム

エスプレッソカスタードクリーム…50g　※193ページ「フルッタ ディ グラティネ」参照

40％生クリーム…50ml／グラニュー糖…20g

●ソース

チョコレートソース…30ml／エスプレッソ（液体）…25ml

粉糖…適量

＜作り方＞

●シュー生地

1　鍋に水、牛乳、バター、塩を入れて火にかけ、沸騰させる。

2　ふるった薄力粉を一気に加えて混ぜ、火にかけながらしっかり練る。

3　火を止めて、卵を1個ずつ加え、その都度混ぜ合わせる。

4　天板の上に丸口金で直径2cmに絞り、霧を吹きかけて、200℃のオーブンで10分焼く。

●クリーム

1　ボウルに生クリームとグラニュー糖を入れ、8分立てにする。

2　1にエスプレッソカスタードクリームを加え、さっくりと合わせる。

●仕上げ

1　プチシューが冷めたら、丸口金で中にクリームを絞り入れる。

2　チョコレートソースにエスプレッソ（液体）を合わせる。

3　器に2を敷き、1を1皿につき10個積み上げ、上から再び2をかけて粉糖をふる。

ティラミス

Tiramisù

＜材料（10人分）＞

●マスカルポーネクリーム
マスカルポーネチーズ…250g／卵黄…60g／40%生クリーム…1000ml
グラニュー糖…150g／ラム酒…10ml

●白スポンジ（天板50×35cm1台分）
卵…3個／グラニュー糖…100g／薄力粉…100g

エスプレッソ（液体）…400ml／ココアパウダー…適量／ミント…適量

＜作り方＞

●マスカルポーネクリーム
1　ボウルにマスカルポーネチーズと卵黄を入れ、混ぜ合わせる。
2　別のボウルに生クリームとグラニュー糖を入れ、6分立てにする。
3　1に2を入れて合わせ、ラム酒を加えてさらに立てる。

●白スポンジ
1　ボウルに卵を溶きほぐし、グラニュー糖を加え、湯煎にかけながらミキサーで混ぜる。
2　人肌まで温まったら湯煎からはずし、白くもったりするまで泡立てる。
3　ふるった薄力粉を加え、手早く混ぜ合わせる。
4　オーブンシートを敷いた天板に流し、200℃のオーブンで12分焼く。

●仕上げ
1　冷ました白スポンジを器に敷き、エスプレッソ（液体）をハケで多めにしみ込ませる。
2　マスカルポーネクリームをのせて広げる。
3　1と2をもう一度くり返し、表面にココアパウダーをふる。
4　器に1人分ずつ取り分け、ミントを飾る。

アフォガート ティラミス

Tiramisù affogato

＜材料（1人分）＞

ティラミスクリーム★…80g／エスプレッソ（粉）…適量／エスプレッソ（液体）…25ml

＜作り方＞

1　グラスにティラミスクリームを盛り、エスプレッソ（粉）をかける。

2　クリーマーにエスプレッソ（液体）を抽出し、1に注ぐ。

★ティラミスクリーム

＜材料（10人分）＞

卵黄…6個分／グラニュー糖…130g／マスカルポーネチーズ…500g／35％生クリーム…200ml

＜作り方＞

1　ボウルに卵黄とグラニュー糖を入れ、泡立て器で白くもったりするまで混ぜ合わせる。

2　マスカルポーネチーズを2〜3回に分けて加え、混ぜ合わせる。

3　別のボウルで生クリームを7分立てにし、2に数回に分けて加え、ゴムべらで合わせる。

4　容器に移し、冷蔵庫で冷やし固める。

アフォガート ミエーレ

Affogato con miele

＜材料（1人分）＞

ミルクジェラート…70g／はちみつ…5g／エスプレッソ（粉）…適量

＜作り方＞

1 グラスにディッシャーでミルクジェラートを盛る。

2 上からはちみつをかける。

3 エスプレッソ（粉）をかける。

アフォガート マジコ

Affogato magico

＜材料（1人分）＞

ミルクジェラート…35g／アーモンドプラリネ…3g／マロンメラッセ…3g
綿菓子…5g／エスプレッソ（液体）…25ml

＜作り方＞

1 グラスにディッシャーでミルクジェラートを盛り、砕いたアーモンドプラリネと細かく切ったマロンメラッセをのせる。

2 上から綿菓子をかぶせて提供し、目の前でエスプレッソ（液体）をかける。

エスプレッソ ジェラート

Gelato al caffè

＜材料（作りやすい量）＞
ホワイトベース★…1000ml ／エスプレッソ（液体）…150g ／インスタントコーヒー…5g
グラニュー糖…10g ／練乳…5g

エスプレッソ（挽き豆）…適量／ウエハース…1枚

＜作り方＞
1　すべての材料を混ぜ合わせ、ジェラートマシンでフリージングする。
2　でき上がったらバットに移し、表面を整える。
3　器にディッシャーでエスプレッソジェラートを盛り付ける。
4　エスプレッソ（挽き豆）をかけ、ウエハースを飾る。

★ホワイトベース
＜材料（作りやすい量）＞
（脱脂粉乳、ブドウ糖、グラニュー糖、増粘多糖類、牛乳、生クリーム）

＜作り方＞
1　脱脂粉乳とブドウ糖を混ぜ合わせる。
2　グラニュー糖と増粘多糖類を混ぜ合わせる。
3　パステライザー（熱殺菌機）に牛乳を入れ、40℃まで加熱させる。
4　3が40℃になったら生クリームを糸を垂らすようにゆっくり入れて合わせる。
5　4が60℃になったら1を入れて溶かし、入れ終わったら2をゆっくり入れる。
6　80℃で殺菌加熱後、冷却して、一昼夜エージングする。

※パステライザーがない場合は鍋を利用し、温度計を差して混ぜながら作る。

カッサータ

Cassata al caffè

＜材料（10×15cm パウンド型1台分）＞

●クリーム

リコッタチーズ…200g／40% 生クリーム…200ml／グラニュー糖…100g

チョコチップ…30g／エスプレッソ（豆）…3g

マジパンローマッセ…100g／緑色粉…0.5g

白スポンジ（35×15cm）…1枚　※199ページ「ティラミス」を参照

エスプレッソ寒天（5mm角）…適量

※196ページ「ジェラート コロッケ　エスプレッソソース」を参照

ドレンチェリー（赤・緑）…各11個／エスプレッソ（粉）…適量

＜作り方＞

●クリーム

1　ボウルにリコッタチーズ、生クリーム、グラニュー糖を入れ、8分立てにする。

2　チョコチップと砕いたエスプレッソ（豆）を加え、さっくりと混ぜる。

●組み立て・仕上げ

1　マジパンに緑色粉を合わせ、薄くのばしておく。

2　白スポンジを10×15cmの長方形に切り、3枚用意する。

3　型に2を1枚敷き、クリームを入れて広げ、再び2を1枚のせてクリームを広げ、最後に2をのせる。

4　型からはずし、上面と側面にクリームを塗る。

5　側面に1を貼り付け、上面に細かく切ったエスプレッソ寒天とドレンチェリーを飾る。

6　切り分けて皿に盛り、まわりにエスプレッソ（粉）をふる。

ズコット

Zuccotto con croccante al caffè

＜材料（直径12cm ボウル1台分）＞
●クリーム
マスカルポーネチーズ…200g ／40% 生クリーム…200ml ／グラニュー糖…100g ／プラリネ…70g

●茶スポンジ
＜材料（50×35cm1枚分）＞
卵…3個／グラニュー糖…100g ／薄力粉…70g ／ココアパウダー…30g

白スポンジ（50×35cm）…1枚　※199ページ「ティラミス」を参照
ナパージュ・ヌートル…100ml ／エスプレッソ（液体）…25ml ／エスプレッソ（粉）…適量

＜作り方＞
●クリーム
1　ボウルにマスカルポーネチーズ、生クリーム、グラニュー糖を入れ、9分立てにする。
2　プラリネを加え、さっくりと混ぜる。

●茶スポンジ
1　ボウルに卵を溶きほぐし、グラニュー糖を加え、湯煎にかけながらミキサーで混ぜる。
2　人肌まで温まったら湯煎からはずし、白くもったりするまで泡立てる。
3　薄力粉とココアパウダーを合わせてふるい、2に加えて手早く混ぜ合わせる。
4　オーブンシートを敷いた天板に流し、200℃のオーブンで12分焼く。

●組み立て・仕上げ
1　白と茶のスポンジをそれぞれ4cm幅に切り、さらに対角線に切って三角形にする。
2　ボウルに1を交互に敷き詰め、クリームを入れて、残りのスポンジをかぶせる。
3　型からはずして器にのせ、ナパージュ・ヌートルとエスプレッソ（液体）を合わせたものをハケで塗り、まわりにエスプレッソ（粉）をかける。

カプチーノ

Cappuccino

＜材料（1人分）＞
エスプレッソ（液体）…25ml ／フォームドミルク…175ml

＜作り方＞
1　カプチーノカップにエスプレッソを抽出する。
2　カップを少し傾け、フォームドミルクを注ぎ始める。
3　ミルクフォームが浮かび上がってきたら、カップを水平に戻し始め、カップのすり切りまでミルクを注いで仕上げる。

マッキャート

Caffè macchiato

＜材料（1人分）＞
エスプレッソ（液体）…25ml ／フォームドミルク…10ml ～ 15ml

＜作り方＞
1　エスプレッソカップにエスプレッソ（液体）を抽出する。
2　エスプレッソカップを少し傾け、低い位置からフォームドミルクを中央に注ぎ始める。
3　ミルクフォームが浮かび上がってきたら、カップを水平に戻し始め、カップのすり切りまでミルクを注いで仕上げる。

ラッテマッキャート

Latte macchiato

＜材料（1人分）＞
エスプレッソ（液体）…25ml／フォームドミルク…150ml

＜作り方＞
1　カップにフォームドミルクを入れる。
2　エスプレッソを抽出し、1に染みを付けるイメージで注ぎ入れる。

シェカラート

Caffè shakerato

＜材料（1人分）＞
グラニュー糖…6g／エスプレッソ（液体）…50ml／牛乳…50ml／氷（キューブ）…6個（120g）

＜作り方＞
1　シェーカーにグラニュー糖とエスプレッソを入れ、スプーンでよく混ぜて砂糖を溶かす。
2　牛乳を注いで氷を入れ、ふたを閉めて力強くシェークする。
3　グラスに注ぎ入れる。

カプチーノ サーレ（塩キャラメル）

Cappuccino al gusto di caramello salato

＜材料（1人分）＞
エスプレッソ（液体）…25ml ／キャラメルソース…5g ／キャラメルシロップ…1g
シチリアの塩…2g ／フォームドミルク…125ml ／チョコレートソース…1g

＜作り方＞
1 カプチーノカップにエスプレッソを抽出し、キャラメルソース、キャラメルシロップ、塩を入れて、スプーンで混ぜる。
2 カップを少し傾け、フォームドミルクを注ぐ。
3 ミルクフォームが浮かび上がってきたら、カップを水平に戻し始め、カップのすり切りまでミルクを注いで仕上げる。
4 表面にチョコレートソースで模様を描く。

アルコバレーノ

Arcobaleno

＜材料（1人分）＞
バニラ風味ヨーグルト…80g ／バニラシロップ…10ml ／エスプレッソ（液体）…25ml
チョコレートソース…適量／赤いソース…適量／緑のソース…適量
※赤と緑のソースは、各色のシロップにゼラチンを加えてとろみを付けたもの。

＜作り方＞
1 ピッチャーにバニラ風味ヨーグルトを入れ、バニラシロップをゆっくり加えながら混ぜる。
2 さらにエスプレッソを加えて混ぜる。
3 グラスにチョコレートソースで模様を描き、2を注ぎ入れる。
4 チョコレートソース、緑のソース、赤いソースの順に、3重の円になるよう垂らし、カクテルピンで模様を描く。

爽やかカフェ

Caffè rinfrescante

<材料（1人分）>

コーラ…50ml／バニラシロップ…5ml／ミルクジェラート…35g／グラニュー糖…5g
エスプレッソ（液体）…25ml／氷（キューブ）…適量

<作り方>

1　グラスにコーラを注ぎ、バニラシロップを加えて混ぜる。
2　シェーカーにミルクジェラート、グラニュー糖、エスプレッソを入れて軽く混ぜ、氷を入れてふたを閉め、シェークする。
3　1に2を静かに注ぎ入れる。

カフェシシリアーノ

Caffè siciliano

<材料（1人分）>

エスプレッソ（液体）…25ml／グラニュー糖…3g／ブラッドオレンジジュース…90ml
バニラシロップ…5ml／オレンジシロップ…5ml／牛乳…20ml
レモンのすりおろし…0.1g／氷（キューブ）…適量／カットレモン…1片

<作り方>

1　エスプレッソ（液体）にグラニュー糖を入れて混ぜる。
2　グラスにブラッドオレンジジュースを注ぎ、バニラシロップとオレンジシロップを加えて混ぜる。
3　シェーカーに1、牛乳、レモンのすりおろし、氷を入れてシェークする。
4　2に3をゆっくりと注ぎ入れ、カットレモンを添える。

カフェ ノッチョリーナ

Caffè nocciolina

＜材料（1人分）＞

A［エスプレッソ（液体）…25ml／牛乳…25ml／ヘーゼルナッツジェラート…40g
ヘーゼルナッツシロップ…10ml／氷（キューブ）…6個］

チョコレートソース…3g／アーモンドプラリネ…適量

＜作り方＞

1　ミキサーにAを入れ、氷が砕けるまで撹拌する。
2　グラスにチョコレートシロップで模様を描く。
3　2に1を注ぎ入れ、砕いたアーモンドプラリネを飾る。

ビッテル

Bitter

＜材料（1人分）＞

マルティーニ・エクストラドライ…20ml／カンパリ…20ml／プロセッコ…40ml
エスプレッソ（液体）…25ml／氷（キューブ）…適量

＜作り方＞

1　グラスに氷を入れ、マルティーニ、カンパリ、プロセッコを入れて混ぜる。
2　エスプレッソを静かに注ぎ入れ、軽く混ぜる。

クレーマ

Crema

＜材料（1人分）＞

フォームドミルク…20ml ／ヴェッキオ・アマーロ・デル・カーポ…30ml

エスプレッソ（液体）…25ml

＜作り方＞

1　グラスにアマーロ・デル・カーポを入れ、フォームドミルクを入れる。

2　中央からエスプレッソを静かに注ぎ入れる。

アマレーナ

Amarena

＜材料（1人分）＞

エスプレッソ（液体）…25ml ／アマレットリキュール…20ml ／ダークチェリー…4個

ミルクフォーム…20ml ／赤いソース…適量　※赤色のシロップにゼラチンを加えてとろみを付けたもの。

＜作り方＞

1　エスプレッソを早めに抽出しておく。

2　グラスにアマレットリキュールとダークチェリーを入れる。

3　冷ましたミルクフォームをのせる。

4　グラスの縁から1を静かに注ぎ入れ、表面に赤いソースで模様を描く。

カルーア ミルク エスプレッソ風味

Latte di Kahlua al caffè

＜材料（1人分）＞

カルーア…20ml／エスプレッソ（液体）…25ml／牛乳…50ml
ミルクフォーム…20ml／氷（キューブ）…適量

＜作り方＞

1　グラスに氷を入れ、カルーア、エスプレッソの順に注いでスプーンで混ぜる。
2　1に牛乳を注ぎ入れ、ミルクフォームをのせる。

ミラーノ

Milano

＜材料（1人分）＞

エスプレッソ（液体）…25ml／カンパリ…20ml／オレンジシロップ…5ml
オレンジジュース…35ml／オレンジスライス…1/2枚／氷（キューブ）…適量

＜作り方＞

1　エスプレッソを早めに抽出しておく。
2　グラスにカンパリとオレンジシロップを入れて、スプーンで混ぜる。
3　氷を入れてオレンジジュースを注ぎ、グラスの縁から1を静かに注ぎ入れる。
4　オレンジスライスを飾る。

アランチョーネ

Arancione

＜材料（1人分）＞

A［エスプレッソ（液体）…25ml／牛乳…50ml／オレンジリキュール…20ml
ガムシロップ…10ml］

オレンジスライス…1/2枚／氷（キューブ）…適量

＜作り方＞

1　シェーカーにAを入れてスプーンで混ぜる。

2　氷を入れてふたを閉め、シェークする。

3　グラスに注ぎ、オレンジスライスを飾る。

良いエスプレッソは健康食材

臨床治療家・予防医療推進研究家
下條　茂

「エスプレッソは健康食材」というテーマで書いて欲しいといわれ頭を抱えてしまいました。

なぜかというと、巷にあるエスプレッソといわれているものが全て健康食材かというとそうではないからです。エスプレッソを淹れる人と環境、コーヒー豆の産地、豆の質、保存方法、焙煎方法、抽出方法などによっても栄養価も違います。

私は日頃、各分野の一流の方々にメンタルトレーニングや食事指導を始めとした、その人ごとのオーダーメイドの様々な治療の提案をしており、医師、歯科医、栄養士、薬剤師などに向けた講演会を全国で年間80回以上開催しているので、エスプレッソのメリットだけでなくデメリットにも意識を向ける必要があります。そのため、再度コーヒーに関しての海外論文を20本読み、改めて整理してみました。

コーヒーに関してのメリット・デメリット

●ガンの発症リスクを低下させる（ただ食べ合わせで逆になる場合もある）

●脳を活性化させて神経の保護効果が得られ認知症の予防になる

●筋肉を活性化させる（カフェインの中にあるアデノシン受容体に結合すると、神経鎮静を抑えアドレナリンを分泌させるため、身体が無理をしても運動が出来る）。ただ、飲みすぎれば負担になり、数年前のオリンピックではドーピングとして判断されたケースもあるほどの薬物にもなる

●抗酸化物質が豊富で、活性酸素を除去してくれる

●体内の新陳代謝を5％～10％促進させるので、脂肪を燃やしてくれる

●利尿作用があるため、水分補給目的には不向きで、飲んだ後は水を3倍以上摂取した方が良い
●胃腸を活性化させ便秘薬にもなるが、炎症を引き起こすリスクはある
●妊娠中の流産、胎児の小児白血病および成長障害などのリスクを増加させる
●自律神経の働きを高め、免疫を高め、生活習慣病の予防になる

など、様々な論文が発表されています。

ただ、コーヒーは鮮度が命といわれますが、それは極端な例でいえば「健康に良いといわれる焼き魚やお刺身にしても、時間が経って酸化した状態で食べれば健康に良いわけではない」と同じことです。

コーヒー豆を酸化させる天敵は高温・多湿・酸素・光など。焙煎コーヒー豆の賞味期限は基本一年間ですが、常温保存しているコーヒー豆は1ヵ月程度で酸化します。

挽いてしまったコーヒー粉の場合は空気に触れやすくなりますから、酸化のスピードもそれだけ速くなり、酸化が進んだ状態で飲むと体に悪いコーヒーになります。

そこでエスプレッソの特徴を踏まえ再度見ていきましょう。

エスプレッソは短時間で抽出するため、コク、苦味、甘味や酸味のバランスが取れていて、渋味はほとんどなく濃厚な味に仕上がり、旨味成分も多くなりますから、カフェラテ、カプチーノ、カフェマキアートなど、ミルクの配合によって数種類のエスプレッソを作ることが出来ます。

極力成分を凝縮するエスプレッソに使われる深煎り豆は、焙煎の際にカフェインの量も少なくなっており、抽出時間も短いのでカフェインが溶け出しにくく、デメリットを極力控えメリットが出やすくなります。

コーヒーの香りの主成分はピラジンという化学物質で、加熱すると出てくるために焙煎して圧縮を加えるとピラジンがたくさん含まれ、香りからも現代のストレス社会においては脳が活性化し、血液の流れを整える作用があります。

また、含有物のメラノイジンは抗酸化作用を持ち、細胞のＤＮＡが活性酸素によってダメージを受けることを防ぎ、ＤＮＡが脂質の酸化によって壊されるのを抑制し、コレステロール値を抑える働きがあります。

メラノイジンは、血管を若々しく保ち、ドロドロ血を防いで「動脈硬化や高脂血症を予防」する働きがあります。また、食後の血糖値の急な上昇を防いで正常に保つ効果もあるため、「糖尿

病の予防効果」も期待できます。
　またメラノイジンは食物繊維と似た効果を持つといわれ、腸内環境を整えて便秘の解消に役立つとの報告があります。
　完璧なエスプレッソを抽出できた時は、炭酸ガスが集まって微小な泡が出来ます。ビニカルカテコールとオリゴマーという苦味の主成分や微粉、油滴などが含まれる泡に吸着される「クレマ」と、「ボディ」「ハート」の3層がキレイに分かれることが大切です。
　繰り返しになりますが、高地栽培の良い材料、良い焙煎、基本に忠実な淹れ方のエスプレッソを飲めば、カフェインは非常に少ない上に、ほかの成分がドリップコーヒー以下になるわけではないため、健康食材としての効果は期待できます。
　最後に付け加えておきたいことがあります。

　私の中でエスプレッソは、日本でいえばお米、イタリアでいえばパスタのような感じがします。様々な食材をあわせることが出来る、毎日飲んでも良い、ごまかしのきかない基本の食材です。だからこそ、調理の仕方や材料の使い方、想いや愛情を込めたこだわりで、美味しくもなるしまずくもなります。横山千尋氏が淹れるエスプレッソは、一流だけが持つ技術や厳選された食材へのこだわりに裏打ちされた、出来る限り極めた一杯で間違いなく美味しい。それは、酸化や栄養といった化学的な要件を踏まえた美味しさで、健康にも良いのです。
　美しい味と書いて、美味しい。横山氏のエスプレッソを飲む度に思うことがあります。彼の美味しいエスプレッソは、美しく愛おしい作品なのだと。

下條　茂（しもじょう・しげる）

1997年にナチュラルメディカルを設立。スポーツ障害を始め、婦人疾患、慢性疾患に強く、患者にはトップアスリートやプロスポーツ選手を始め、芸能人など著名人も多い。治療より生活改善に視点を置く、プリベティブ・メンテナンス（予防、生活医学）の実践を基本としている。クライアント数は18万人を超え、セミナーは600箇所以上にのぼる。著書に「痛み、病気、そこに愛はありますか？」（文芸社）、「病気のなり方おしえます～あなたの望みどおりの病気になるためのガイドブック～」（エヌ・ティー・エス）など。
■ナチュラルメディカル　http://www.natural-mj.com/

おわりに

イタリアでジェラート作りを学んだ後、ミラノにあるバールでバリスタ修業を始めたのは、今から25年以上も前のこと。正直、それまでの私はコーヒーに対して苦手意識がありました。しかし、現地で本物のエスプレッソを飲んだ瞬間、「これなら飲める！」とそのおいしさに感動し、日本人にバール文化のすばらしさとエスプレッソのおいしさを伝えたいと思いました。そして、仲間とともに東京・六本木で『BAR DEL SOLE（バール・デルソーレ）』を開業。その後も、バリスタ世界大会への出場や、バリスタセミナーでの人材育成にも取り組み、継続してエスプレッソの普及に努めています。本書もその一環として、エスプレッソを日本でも身近な存在にしていきたいという思いから企画し、長年に渡るメニュー開発期間を経て、ようやく出版が実現した次第です。

このリチェッタ（レシピ）ブックは、コーヒーで料理を作るというご提案とともに、エスプレッソの魅力を再発見してもらえる一冊でもあります。自分自身、コーヒーを飲料だけでなくもっと広い視野で捉えてみたら、料理をおいしく仕上げてくれたり、身体にもよい効果があったりすることがわかり、エスプレッソへの関心は高まるばかりです。本書を手にとってくださった方も、ここに紹介したメニューを実際に作って味わっていただければ、きっと胸躍るような新しいエスプレッソの世界が開けることと思います。

本書の製作にあたり、私と同じくイタリアを愛してやまない、大切な仲間の一人『アンコーラ』の大久保憲司シェフには、多大なご協力を賜りました。深く感謝の意を表します。また、エスプレッソと健康をテーマに玉稿を執筆していただきました『ナチュラルメディカル』の下條茂先生、エスプレッソの魅力を語ってくださりありがとうございました。この場をお借りして厚く御礼を申し上げます。

イタリアンシェフ、バールやカフェのオーナー、一般のコーヒーファンまで、多くの方々にエスプレッソを使った料理を作っていただき、いずれは誰もが知るスタンダードメニューの仲間入りをすることを、心より願っております。

バリスタ・バールマン　横山千尋

2019年4月　山口・宇部『ANCORA』大久保憲司シェフとともに

＜著者プロフィール＞

横山千尋　Yokoyama Chihiro

1962年愛知県名古屋市生まれ。1983年に大阪あべの辻調理師専門学校卒業後、フランス・リヨンのビストロで修業。1984年ミラノでジェラートの修業を積んだ後、1985年、1986年、1987年「エキシポ・イン・ミラノ」（ジェラートの世界大会）にジェラート職人として出場し3年連続金賞を受賞。1994年ミラノのバール『ラ・テラッツァ』にてバリスタ修業。1996年に日本人初のイタリア認定バリスタとなる。2001年、仲間とともに株式会社フォルトゥーナを設立。同年9月に『バール・デルソーレ』開業。2002年および2004年、ジャパン・バリスタ・チャンピオンシップで優勝し、日本代表としてワールド・バリスタ・チャンピオンシップに出場。2004年、世界ラテアート大会で準優勝。。2016年6月、日本で初めて開催されたエスプレッソ・イタリアーノ・チャンピオンシップで優勝。バリスタ、バールマンとして日々勤めながら、各種セミナーやメディア出演、催事などでイタリアバールの普及と後進の育成に取り組んでいる。著書に「バリスタ・バールマン教本」（旭屋出版）など。

デザイン >>>1108GRAPHICS
撮影 >>> 後藤弘行（旭屋出版）
編集 >>> 三上恵子
前田和彦　斉藤明子（旭屋出版）
イタリア語翻訳協力 >>>ANCORA　大久保憲司　大久保 和（みきた）
イタリア語校正 >>> 柴田瑞枝

コーヒーで料理を作る

発行日　2019年10月25日　初版発行
著　者　横山千尋（よこやま・ちひろ）
発行者　早嶋 茂
制作者　永瀬正人
発行所　株式会社 旭屋出版
〒160-0005　東京都新宿区愛住町23 番地2　ベルックス新宿ビルII 6 階
TEL 03-5369-6423（販売部）
TEL 03-5369-6422（広告部）
TEL 03-5369-6424（編集部）
FAX 03-5369-6431
https://www.asahiya-jp.com
郵便振替 00150-1-19572

印刷・製本 株式会社シナノパブリッシングプレス

ISBN978-4-7511-1395-0 C2077